Matthew Drennan

Das
Barbecue
Buch

von und mit Weber®

Deutschsprachige Ausgabe:
© 2001 Gräfe und Unzer Verlag GmbH, München

Übersetzung aus dem Englischen: Andreas Furtmayr, Anne Lenk
Redaktion: Anne Lenk
Herstellung: Markus Plötz
Satz: Karlheinz Rau, München
Umschlaggestaltung: Independent Medien-Design, München

Redaktionsteam:
Redaktionsleitung: Ljiljana Ortolja-Baird
Redaktion: Kate John, Marian Temesvary
Food-Fotografie: Chris Alack
Food-Styling: Carol Tennant, Matthew Drennan
Illustrationen: Marc Dando

Umschlaggestaltung: Simon Balley
Innenlayout: Broadbase
Gestaltung: Yvonne Dedman
Rezepte: Matthew Drennan; Sunset Books Inc;
Weber-Stephen Products Company
Fotos: Weber-Steven Products Co;
Stephen Hamilton, S. 10 (unten links), S. 23, 145

ISBN 978-3-8338-1216-3

2. Auflage 2008

Printed in Germany

Inhalt

8 Einleitung

11 Grundlagen des Grillens

31 Vorspeisen

43 Fisch und Schaltiere

63 Geflügel

85 Fleisch

105 Klassische amerikanische Rezepte

117 Gemüse

133 Salate, Saucen und mehr

143 Nachspeisen

158 Glossar

Vorwort

Ein Barbecue ohne einen Kugelgrill ist heute kaum mehr vorstellbar. Anfang der 50er Jahre, als das Grillen unter freiem Himmel in den USA einen immer größeren gesellschaftlichen Stellenwert erhielt, erfand George Stephen den Weber Kugelgrill mit Deckel. Dieses seltsam aussehende Objekt, umgangssprachlich »Sputnik« genannt, übertraf nicht nur deutlich die Leistung des damals üblichen Gartengrills, dank dieser Erfindung ist seither das Grillergebnis auch nicht mehr von Wind und Witterung abhängig. Der Kugelgrill revolutionierte die Geschichte des Barbecues, eröffnete völlig neue Zubereitungs- und Garmöglichkeiten und trug so wesentlich dazu bei, dass das Barbecue zum Inbegriff des amerikanischen Lebensstils wurde. Ein weiterer Meilenstein in der Geschichte des Grillens war die Einführung der ersten Gasgeräte-Serie durch Weber Mitte der 80er Jahre. Seither hat das amerikanische Unternehmen seine Kompetenz in diesem Bereich immer weiter ausgebaut und ist seit langem weltweit Marktführer.

1976 wurden die ersten Kugelgrills nach Europa exportiert – und fanden auch hierzulande sofort viele Anhänger. Diese »Küche im Garten« macht Lust und Laune, Freunde zum Kochen und Genießen unter freiem Himmel einzuladen. Unsere Barbecue-Kultur hat zwar noch nicht die amerikanischen Ausmaße angenommen, doch die vielen europäischen Fans dieser Grillform sind besonders kreativ und haben bereits zahlreiche landestypische Rezepte und Gerichte entwickelt.

Dieses Kochbuch wird Ihnen die Vielfalt des Barbecues näher bringen. Es entstand auf Basis der vielen Ideen und Erfahrungen von Weber-Kunden und enthält auch eine Reihe regional beliebter Grillspeisen. Entdecken Sie die Vielfalt der wunderbaren Aromen und Zutaten, die europäische und andere Küchen der Welt zum Barbecue beigesteuert haben. Genießen Sie unvergleichliche Gerichte mit Fleisch, Fisch, Geflügel sowie Barbecue-Spezialitäten aus verschiedenen europäischen Ländern. Ein Expertenteam unter Leitung des amerikanischen Spitzenkochs und Barbecue-Experten Matthew Drennan hat die Rezepte getestet und verfeinert.

Viele Hobby-Köche sind im Umgang mit dem Kugelgrill nicht so firm, doch die ausführlichen Zubereitungshinweise und Grillanweisungen zu jedem Rezept garantieren, dass die Gerichte auf Anhieb gelingen. Auf einen Blick erkennen Sie den Schwierigkeitsgrad der Rezepte. Beginnen Sie ruhig mit den einfacheren Gerichten. Schon bald werden Sie so viel Praxiserfahrung haben, dass Sie nicht mehr auf die Zubereitung im Kugelgrill verzichten möchten.

Dank der großen Auswahl an Rezepten für alle verschiedenen Gänge finden Sie zu jedem Anlass und für jede Geschmacksrichtung die passenden Gerichte. Mit einer Einladung zum Barbecue können Sie wirklich jeden überraschen: Wenn Sie Gäste haben, können Sie alles vom rustikalen Buffet bis zum exklusiven Vier-Gänge-Menü servieren. Ein Menü für den Frühling könnte zum Beispiel so aussehen: Als Vorspeise Spargel mit Rucola und Parmesan, anschließend Lachs mit Basilikum-Minze-Creme, als Hauptgericht Lammspieße und schließlich Eisbecher mit gegrillten Erdbeeren. Wenn Sie mit der Familie und Kindern grillen, sind Kartoffelsticks, Pizza, Bratwurst und ein Eis zum Dessert empfehlenswerter.

Jeder neue Tipp, den Sie ausprobieren, wird Sie motivieren, weitere unvergessliche Mahlzeiten unter freiem Himmel für Familie und Freunde zu zaubern.

Viel Spaß und guten Appetit!

Einleitung

Barbecue ist in den USA ein Inbegriff modernen Lebens und sommerlicher Küche. Seit vielen Jahren bedeutet die Verabredung zum Barbecue einen willkommenen Anlass, sich ungezwungen mit Freunden zu treffen, gemeinsam zu kochen und das Leben zu genießen. Denn kaum einer kann an einem lauen Sommerabend oder an einem warmen Nachmittag im Frühherbst dem verführerischen Duft und dem unvergleichlichen Geschmack von gegrilltem Fleisch, Fisch und Gemüse widerstehen!

Viele verbinden den Begriff »Barbecue« seit langer Zeit mit dem hierzulande üblichen Grillen, eine der einfachsten Arten warme Speisen zuzubereiten – Hamburger, Würstchen, gelegentlich Steaks oder Koteletts. Doch das in Amerika traditionelle Barbecue geht weit über das in Deutschland übliche Grillen hinaus. Barbecue ist ein Grill-Event für Feinschmecker. Dabei werden Kugelgrills dem gewöhnlichen Grill vorgezogen, um auch größere Fleischstücke saftig zu garen und Spezialitäten wie Pizza oder ganze Puten problemlos zubereiten zu können. Außerdem entfällt das wiederholte Wenden des Grillguts. Hektik wie beim Grillen kommt beim Barbecue erst gar nicht auf, die Atmosphäre ist entspannt, und auch der Gastgeber kann das Happening genießen.

Die wichtigste Voraussetzung für den Erfolg Ihres Barbecues ist, dass Sie über die richtige Grundausstattung verfügen: einen Grill mit Deckel. Beim Grillen über offenem Feuer benötigt das Grillgut eine deutlich längere Garzeit, zudem verliert es dabei oft an Aroma und trocknet schnell aus. Grillen die Speisen hingegen abgedeckt, bleiben sie saftig und aufgrund der zirkulierenden Hitze sinkt die Garzeit. Die Gerichte erhalten ein unvergleichliches Grillaroma, ganz gleich, ob sie auf dem Holzofen- oder auf dem Gasgrill zubereitet werden.

Fans sind der Meinung, dass Grillen ohne Deckel ähnlich ungeschickt ist wie einen Kuchen bei geöffneter Backofentür zu backen!

In Diskussionen um die bessere Grillmethode kommt es immer wieder zu Meinungsverschiedenheiten, denn das »richtige« Grillen ist eine Glaubensfrage! Ob Sie nun auf Holzkohle oder mit Gas grillen, ist Ihnen überlassen. Beide Methoden haben ihre Vorteile – auf den Geschmack wirken sie sich nachweislich nicht aus. Probanden, denen beim Testessen die Augen verbunden wurden, konnten keine Unterschiede zwischen Grillgut vom Gas- bzw. Holzkohlengrill feststellen.

Den einen macht es Spaß, kunstvoll die Kohle aufzuschichten und zum Glühen zu bringen. Andere wiederum schätzen die Schnelligkeit und Sauberkeit des Gasgrills. Alle Rezepte in diesem Buch können sowohl auf dem Holzkohle- wie auch auf dem Gasgrill zubereitet werden.

Haben Sie sich diesbezüglich entschieden, steht die nächste Überlegung an: Sollen Gemüse, Fisch und Fleisch auf die direkte Methode bei sehr starker Hitze oder auf die indirekte Methode langsam gegrillt werden? Beide Methoden werden auf den nächsten Seiten näher vorgestellt, Sie sollten sich unbedingt mit den Unterschieden vertraut machen, bevor Sie Ihr erstes Barbecue ausrichten! Jedes Rezept ist mit einem Hinweis versehen, welche Methode besser geeignet ist.

Beim Durchblättern dieses Buches werden die vielen Tipps und Rezepte – mal einfach, mal aufwändig – Ihre Lust am Nachkochen entfachen. Und Sie werden für jeden Anlass ein passendes Gericht finden. Probieren Sie es aus! Lassen Sie sich in die Welt des Barbecues entführen, die Reise beginnt hier...

Die Symbole

Rezept	Schwierigkeitsgrad
✳	Einfache Zubereitung
✳ ✳	Gelingt mit etwas Übung
✳ ✳ ✳	Etwas anspruchsvollere Zubereitung

Grundlagen des Grillens

Lesen Sie sich die folgenden Seiten gut durch, bevor Sie Ihr erstes Barbecue vorbereiten. Sie finden dort alle Informationen, wie Ihnen Fleisch, Fisch und Geflügel garantiert gelingen und können sich über die Grundlagen des Barbecues schlau machen. Außerdem erhalten Sie Empfehlungen für die Auswahl von idealen Fleisch- bzw. Fischsorten und Meerestieren fürs Barbecue.

Sehen Sie Gewichts- und Zeitangaben grundsätzlich als Richtlinie an, da eine Reihe anderer Faktoren die Grilldauer ebenfalls beeinflussen. Etwa die Größe des Grillguts, die Außentemperatur oder persönliche Vorlieben, zum Beispiel, ob man das Steak lieber blutig (rare), halb (medium) oder gut durchgebraten (well-done) mag. Lassen Sie sich darüber hinaus von neuen und klassischen Marinaden und Gewürzmischungen inspirieren, um Ihrem Lieblingsessen den richtigen Pfiff zu verleihen.

Grillgeräte

Es gibt die verschiedensten Grillgeräte, vom einfachen kleinen Campinggrill über großflächige Grills mit Drehspieß und senkrechten Kohlenrosten bis hin zum Kugelgrill.

Holzkohlengrills

Das Geheimnis des Kugelgrills liegt in seinem speziellen Design. Durch die Bodenöffnungen wird frische Luft gesaugt, die den für die Glut benötigten Sauerstoff liefert. Aufgrund des geschlossenen Deckels zirkuliert die aufsteigende Hitze um das Grillgut und sorgt auf diese Weise für ein gleichmäßiges Garen. Grillen Sie Gerichte, die starke Hitze benötigen, immer zu Anfang, da die Grilltemperatur mit dem Verbrennen der Kohle abnimmt. Je nach Menge und Art der Kohle kann dieser Zeitraum bis zu neun Stunden betragen, sodass genügend Zeit zur Verfügung steht, um jede gewünschte Mahlzeit zuzubereiten.

Das richtige Anheizen eines Grillkohlenfeuers

1 Den Deckel abnehmen und sämtliche Lüftungsschlitze öffnen.

2 So viele Grillbriketts auf dem unteren Rost verteilen, bis er in einer Lage gut bedeckt ist. Dann die Briketts pyramidenförmig aufschichten.

3 Spezielle Grillanzündwürfel zwischen die Briketts legen (je nach Größe des Grills ca. 3–6 Stück) und anzünden. Diese verbrennen im Gegensatz zu Spiritus, Benzin oder ähnlichen Hilfsmitteln ohne gefährliche Stichflammen hervorzurufen oder einen schadstoffhaltigen Ruß auf den Speisen zu hinterlassen.

4 Achten Sie darauf, dass sich die Briketts gleichmäßig entzünden, und lassen Sie sie glühen, bis sich eine feine, hellgraue Ascheschicht auf den Kohlen gebildet hat (Abb. 5, S. 14). Dies dauert etwa 25–30 Minuten. Nun ist der Grill bereit.

Abbildung 1   Abbildung 2   Abbildung 3

Grillanzünder

■ **Feste Grillanzünder:** Benutzen Sie immer spezielle Grillanzünder und keine paraffinhaltigen Kaminanzünder, deren Dämpfe das Essen verderben. Grillanzünder sind kleine, wachsähnliche Würfel oder Stäbe, die keinen gesundheitsschädlichen Rauch entwickeln, der sich auf das Grillgut legen könnte. Stecken Sie vier bis fünf Anzünder zwischen die Kohlen (Abb. 1) und entzünden Sie sie mit Kaminhölzern (Abb. 2).

■ **Flüssige Grillanzünder:** Flüssige Anzünder erfordern eine besondere Sorgfalt. Die trockenen Kohlen werden damit beträufelt, und die Flüssigkeit muss einige Minuten einziehen, bevor sie mit einem Kaminholz entzündet werden kann. Der Anzünder darf niemals auf heiße oder bereits brennende Kohlen gegossen werden, da leicht gefährliche Stichflammen entstehen.

Anzündkamin

Zum Anzünden der Grillkohle kann auch ein Anzündkamin verwendet werden. Dieser Stahlbehälter mit 2 Griffen fasst die benötigte Menge an Grillkohle. 2–3 Anzündwürfel auf den Holzkohlerost legen, anzünden und den gefüllten Anzündkamin direkt darüber stellen. Durch die kaminähnliche Konstruktion leitet der Luftzug die Flammen direkt auf die Holzkohle, die sich dadurch deutlich schneller entzündet. Auf diese Weise erhält man rasch eine schöne Glut, die nun problemlos zum direkten oder indirekten Grillen auf den Holzkohlerost gekippt werden kann.

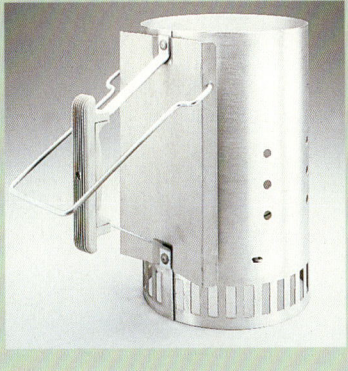

Direktes Grillen

Die direkte Methode eignet sich besonders gut für sämtliche Speisen, die eine Garzeit von weniger als 25 Minuten haben, wie z. B. Steaks, Koteletts, Spieße, Würstchen und Gemüse.

1 Bereiten Sie den Grill wie auf S. 12 beschrieben vor. Verteilen Sie die Grillkohle in einer gleichmäßigen Schicht auf dem Kohlenrost.

2 Legen Sie den Grillrost auf, platzieren Sie das Grillgut in dessen Mitte und schließen Sie den Deckel (s. Abb. 6). Die Hitze trifft das Grillgut direkt von unten (s. Abb. 4). Achten Sie beim Kugelgrill darauf, dass die Lüftungsschlitze von Deckel und Kessel geöffnet sind. Je nach Öffnung der Lüftungsschlitze können Sie die Hitze regulieren bzw. ein Aufflammen verhindern. Nach der Hälfte der Grillzeit das Grillgut einmal wenden.

Direktes Grillen

Abbildung 4

Abbildung 5

Abbildung 6

Indirektes Grillen

Diese Garmethode wird als indirektes Grillen bezeichnet und wird für die Zubereitung von großen Fleischstücken wie Braten, Rippchen und ganzem Geflügel empfohlen.

Das indirekte Grillen ist mit einem Kugelgrill nur mit Deckel möglich. Bereiten Sie den Grill wie auf S. 12 beschrieben vor. Anders als beim direkten Grillen werden je nach Größe ca. 30–60 Briketts auf den Holzkohlenrost gehäuft. Die Briketts gleichmäßig beidseitig an die den Griffen abgewandten Kugelwand verteilen (s. Abb. 8). Manche Geräte haben dafür spezielle Vertiefungen oder eingehängte Holzkohlehalter.

Wenn die Glut bereit ist, stellen Sie eine Aluschale – gerne mit einem Schuss Wasser, Bier oder Wein – zwischen die Briketts, um herabtropfenden Saft und Fett aufzufangen (s. Abb. 8). Das verdampfende Wasser bzw. Fett verstärkt während des Garvorgangs den Grillgeschmack und macht das Fleisch besonders saftig. Aus dem aufgefangenen Saft können Sie später eine Sauce zubereiten.
Platzieren Sie das Grillgut in die Mitte des Grillrostes über der Aluschale und schließen Sie den Deckel (s. Abb. 9). Dieser reflektiert die Hitze, sodass das Fleisch wie bei Umlufthitze im Backofen knusprig gart (s. Abb. 7), auch ohne Wenden.

Indirektes Grillen

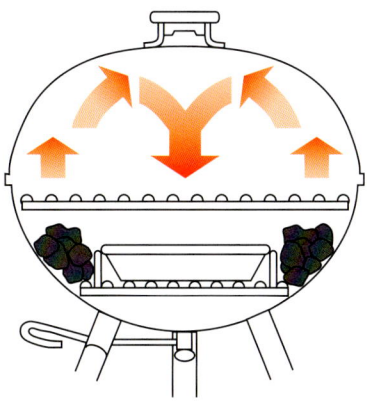

Abbildung 7

Abbildung 8

Abbildung 9

Brennstoffe

Räuchern

Um Ihrem Grillgut eine besondere Note zu verleihen, können Sie auch aromatisierende Substanzen unter die Kohle mischen. Das können holzige Kräuter wie Rosmarin, Lorbeer oder Thymian, aber auch eingeweichte Walnuss-, Mandel- oder Haselnussschalen sein. Mischen Sie diese Räucherstoffe einfach unter die Glut, bevor Sie das Grillgut auflegen.

Kohle

Es gibt die unterschiedlichsten Brennstoffe. Für optimale Resultate sollte man jedoch ausschließlich Holzkohlestücke oder –briketts verwenden.

■ **Holzkohlestücke:** Bei Holzkohle handelt es sich nicht um einen fossilen Brennstoff, sondern um verkohltes Holz, dem im Idealfall bei der Herstellung sämtliche Schadstoffe entzogen wurde. Achten Sie beim Kauf auf Qualität, z. B. ein DIN-Zeichen. Gute Holzkohle enthält wenig Bruch und Staub, lässt sich leicht anzünden und brennt länger. Inzwischen ist sogar Holzkohle erhältlich, die bereits mit Anzünder imprägniert ist. Sie wird in Papiersäcken angeboten, die einfach auf den Grill gelegt und angezündet werden.

■ **Holzkohlebriketts:** Holzkohlebriketts bestehen aus gemahlener Holzkohle, die mittels Lebensmittelstärke in eine gleichmäßige Kissen- oder Eiform gepresst wird. Sie brennen länger als Holzkohlestücke und sind deshalb hervorragend zum Grillen von großen Braten und Geflügel und für lange Grillabende geeignet. Bei Kugelgrills bleiben sie besser auf dem Holzkohlerost liegen als Kohlestücke.

Gas

Gasgrillgeräte werden mit sogenanntem Flüssiggas, entweder Butan- oder Propangas, betrieben. In der Vorratsflasche wird dieses Gas unter Druck flüssig gehalten. Beim Grillen wird der Druck über ein Reduzierventil in der Flasche vermindert, sodass der Inhalt kontrolliert als Gas in die Grillbrenner strömen kann. Ein CE-geprüfter Gasgrill ist sicher und problemlos in der Anwendung.

Holzige Kräuter, wie zum Beispiel Rosmarin, können unter die heiße Kohle gemischt werden. Sie verleihen dem Grillgut ein besonderes Aroma.

Empfohlene Menge an Holzkohle-Briketts

(Kann mit der Brikettgröße variieren)

Direkte Grillmethode

einlagig auf den Holzkohlerost

für einen Grill mit einem Durchmesser von	Stück
95cm	220
57cm	58
47cm	37
37cm	25
Go-Anywhere®	30

Indirekte Grillmethode

für einen Grill mit einem Durchmesser von	Stück je Seite	Stück je Seite und Stunde nachzulegen
95cm	75	22
57cm	25	9
47cm	16	7
37cm	9	4
Go-Anywhere®	10	4

Gasgrill

Die einfache Handhabung und Reinigung des Gasgrills sowie die Zubereitung ohne Anzündgerüche
stellen einen entscheidenden Vorteil gegenüber
Holzkohlengrills dar. Nach Anschluss der Gasflasche ist dieser Grill genauso einfach zu handhaben
wie ein Küchenherd. Innerhalb von 10 Minuten
kann das Grillvergnügen beginnen. Ein eingebautes
Thermometer misst ständig die genaue Temperatur, und das Brennersystem erlaubt auch langsa-
mes Garen bei kleiner Hitze.

Das richtige Anheizen eines Gasgrills

1 Stellen Sie sicher, dass die Gasflasche ausreichend gefüllt ist
und sämtliche Regler auf Null stehen.

2 Drehen Sie die Gasflasche auf.

3 Drehen Sie bei geöffnetem Deckel einen Brenner auf und entzünden Sie das Gas je nach Herstelleranleitung mit dem automa-
tischen Zünder oder mit einem Streichholz. Drehen Sie die anderen Brenner erst auf, wenn die Flamme gleichmäßig brennt.

4 Schließen Sie den Deckel, und heizen Sie den Grill vor, bis
nach 10–15 Minuten eine Temperatur von 245–275° erreicht ist.
Stellen Sie die Brenner entsprechend der Grillmethode ein, die
Sie anwenden wollen – direkt oder indirekt. Der Grill ist nun
bereit.

Räuchern im Gasgrill

Es ist herrlich unkompliziert, in einem Gasgrill zu räuchern. Wei-
chen Sie die aromagebenden Holzstücke 30 Minuten in Wasser
ein und legen Sie sie in eine Aluschale oder die eventuell vorhandene Räuchervorrichtung. Nehmen Sie den Grillrost ab, stellen Sie
die Schale auf die Flavorizer-Stäbe in die vordere linke Ecke des
Grills und legen den Rost wieder auf. Erst dann entzünden Sie die
Brenner und heizen den Grill vor. Sobald sich genügend Rauch
gebildet hat, bereiten Sie das Grillgut wie beschrieben zu, platzieren Sie es aber nie direkt über der Räucherschale.

Reinigen des Gasgrills

Die einfachste Möglichkeit, den Grill sauber zu halten ist, ihn
jedesmal vor dem Grillen zu reinigen. Sobald der Rost heiß ist,
lassen sich eventuell anhaftende Rückstände mit einer langstieli-
gen Messingbürste oder zusammengeknüllter Alufolie ganz leicht
entfernen. Durch die Hitze wird der Grillrost zugleich gründlich
von Aromen, Fette oder Speisereste »desinfiziert«.

Auf diese Weise können sie auch jeden Holzkohlengrill reinigen.

Auf den Ebenen des Gasgrills können gleichzeitig verschiedene Speisen zubereitet werden.
Allerdings sollten Sie Fisch nicht parallel
neben Fleisch oder Gemüse grillen, denn sein
strenges Aroma könnte den feinen Geschmack
die Speisen dominieren.

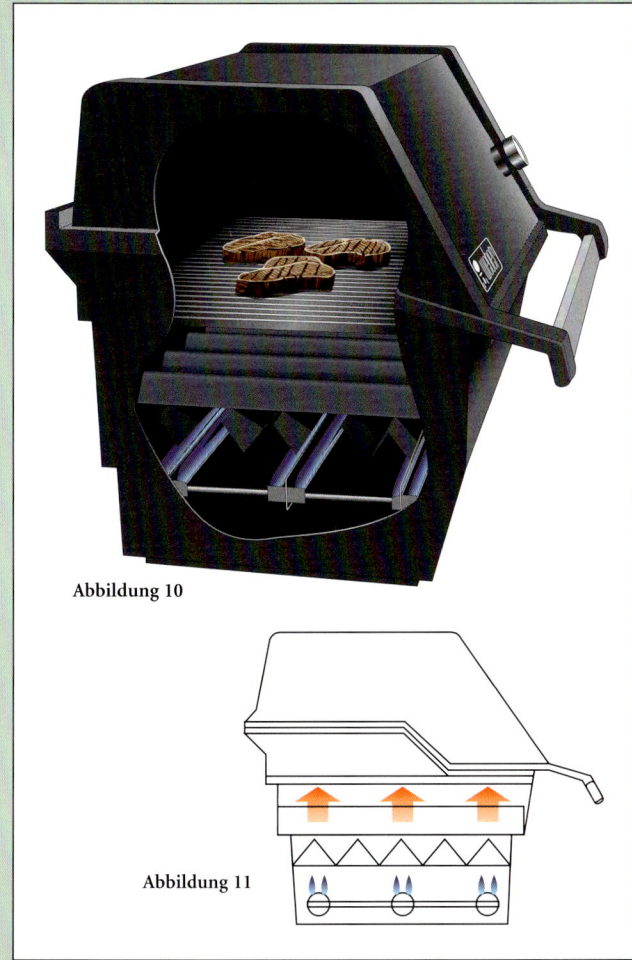

Abbildung 10

Abbildung 11

Indirektes Grillen auf dem Gasgrill

Die indirekte Methode eignet sich für die Zubereitung von großen Fleischstücken wie Braten, Geflügel und Wild sowie Speisen mit hohem Fettanteil wie Würstchen, Koteletts und Ente. Bei letzteren ist es ratsam, das Fleisch in einem Bräter oder in einer Aluschale in der Mitte des Grillrostes zu grillen. Füllen Sie etwas Wasser oder Wein in den Behälter, um ein Einbrennen des aufgefangenen Fleischsaftes zu vermeiden.

Das indirekte Grillen wählt man, um angebratene Speisen fertig zu garen bzw. Gerichte mit hohem Fettanteil zuzubereiten. Bereiten Sie den Grill wie auf S. 18 beschrieben vor, stellen die Regler auf die höchste Stufe und heizen bei geschlossenem Deckel vor. Platzieren Sie Ihr Grillgut in der Mitte des Grillrostes. Schalten Sie den mittleren, bei 2-Brenner-Geräten den hinteren Brenner aus (s. Abb. 13). Stellen Sie den Brenner auf die im Rezept angegebene Temperatur ein. Den Deckel schließen (s. Abb. 12). Das Grillgut gart von allen Seiten, ein Wenden des Grillguts ist nicht notwendig.

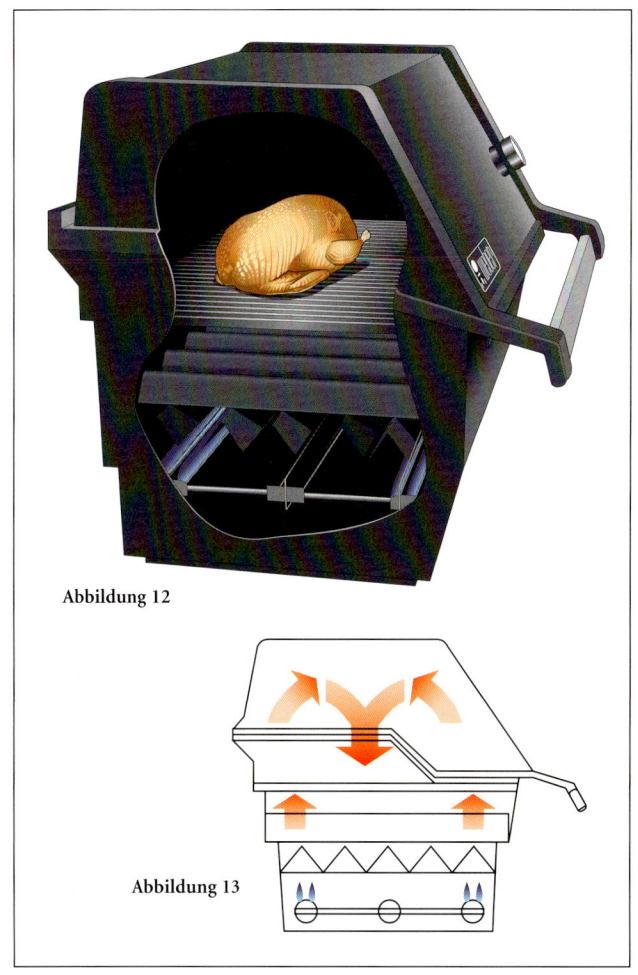

Abbildung 12

Abbildung 13

Direktes Grillen auf dem Gasgrill

Die direkte Methode eignet sich besonders gut für sämtliche Speisen, die eine Garzeit von weniger als 25 Minuten haben, wie z. B. Steaks, Koteletts, Spieße, Würstchen und Gemüse.

Beim direkten Grillen wird das Grillgut direkt über der Wärmequelle im eigenen Saft angebraten und kommt saftig und zart auf den Tisch. Bereiten Sie den Grill wie auf S. 18 beschrieben vor. Entzünden Sie sämtliche Brenner (s. Abb. 11) und heizen Sie auf höchster Stufe bei geschlossenem Deckel vor. Platzieren Sie Ihr Grillgut dann in der Mitte des Grillrostes, und stellen Sie die Temperatur entsprechend der Angabe im Rezept ein. Den Deckel schließen (s. Abb. 10). Das Grillgut sollte nach der Hälfte der Garzeit gewendet werden.

Tipps und Hinweise

Grundregeln für jedes Barbecue

■ Legen Sie Ihr Grillgut immer erst auf, wenn die richtige Temperatur erreicht ist.

■ Die angegebenen Grillzeiten variieren in Abhängigkeit von der Menge und Größe des Grillguts sowie von der Wetterlage. Bei kaltem Wetter benötigt das Grillgut länger um durchzugaren, an heißen Tagen kann sich die Garzeit hingegen verkürzen.

■ Die Garzeit ist zudem umso länger, je dichter der Grillrost mit Grillgut bedeckt ist.

■ Schneiden Sie bei Steaks, Koteletts und Braten überschüssiges Fett bis auf eine Dicke von ca. 5 mm ab, um ein Auflodern der Flammen zu vermeiden.

■ In manchen Fällen wird das Grillgut mit einer Marinade oder Sauce verfeinert, die viel Zucker oder andere Zutaten enthält, die leicht verbrennen. Bestreichen Sie das Gericht erst 10–15 Minuten vor Ende der Grillzeit damit.

■ Drücken Sie das Grillgut beim Wenden nicht mit dem Spatel oder der Zange flach. Dabei verliert es Saft und Geschmack.

■ Sollten Flammen auflodern, schieben Sie das Grillgut an den Rand des Grillrostes und schließen Sie den Deckel, bis die Flammen wieder verloschen sind.

Gut zu wissen!

■ Der Grill sollte an einer geschützten Stelle auf ebenem Untergrund stehen. Achten Sie auf einen ausreichend großen Abstand zu Gebäuden oder Bäumen und Holzzäunen.

■ Gießen Sie niemals Spiritus oder Flüssiganzünder in die Glut.

■ Achten Sie darauf, dass Kinder und Haustiere von der Wärmequelle sowie von heißem Grillzubehör fernbleiben.

■ Weisen Sie auch Ihre Gäste darauf hin, dass Edelstahlspieße noch lange, nachdem sie vom Grill genommen wurden, sehr heiß sind.

■ Bewahren Sie leicht verderbliche Lebensmittel im Kühlschrank oder in einer Kühlbox auf, und nehmen Sie sie erst kurz vor der Zubereitung heraus.

■ Benutzen Sie nicht dieselben Schneidbretter und Teller für die rohen Zutaten und die gegrillten Speisen.

■ Grillen Sie Würste und Geflügel immer gut durch.

■ Stellen Sie sicher, dass die Glut vollständig erloschen ist, bevor sie die Kohlen aus dem Grill nehmen.

■ Beachten Sie die genauen Hinweise des Herstellers Ihres Grillgeräts.

So gelingt's garantiert

Einige Tipps und Hinweise für Grillmeister, um häufige Missgeschicke zu vermeiden oder auszugleichen:

■ **Beim Anzünden eines Holzkohlengrills ist Geduld gefragt.** Erst nach 25–30 Minuten ist die gewünschte Temperatur erreicht. Dies erkennen Sie daran, dass die Kohlen von einer leichten Ascheschicht überzogen sind. Erst dann sollte man das Grillgut auflegen, sonst kann es einen unangenehmen Beigeschmack erhalten.

■ **Verwenden Sie niemals Benzin oder andere leicht entzündliche Substanzen,** um die Kohle anzuzünden, sondern ausschließlich spezielle Grillanzünder. Warten Sie, bis sich die Kohlen mit der Flüssigkeit vollgesaugt haben, bevor Sie diese entzünden.

- **Gießen Sie flüssigen Anzünder niemals auf bereits erhitzte Kohlen!** Lesen Sie vor der Verwendung die Sicherheitshinweise des Herstellers.

- **Damit die Speisen sicher gelingen, ist es wichtig, dass Sie den Unterschied zwischen direktem und indirektem Grillen kennen.** Wählen Sie die demnach besser geeignete Garmethode.

- **Es ist nicht notwendig, ständig nach dem Grillgut zu sehen.** Bei jedem Anheben des Deckels entweicht Hitze. Dadurch verlängert sich die Grillzeit und die Gefahr des Aufflammens erhöht sich. Berechnen oder schätzen Sie die voraussichtliche Grillzeit, und öffnen Sie den Deckel nur, um Kohle nachzulegen, das Grillgut zu bestreichen oder zu wenden.

- **Die Lüftungsschlitze im Deckel und am Boden müssen während des Grillens geöffnet sein,** damit die heiße Luft zirkulieren und die Glut nicht erlöschen kann.

- **Wenden Sie das Grillgut nicht zu häufig.** Vor allem bei der direkten Methode genügt es vollauf, das Grillgut einmal – etwa nach der Hälfte der Garzeit – zu wenden.

- **Stechen Sie nicht mit einer Gabel in kleinere Fleischstücke.** Durch die kleinen Löcher tritt der Fleischsaft aus und das Fleisch wird trocken.

- **Bei kurzer Grilldauer und hoher Wärmezufuhr kann das Äußere leicht verbrennen,** während das Fleisch innen roh bleibt. Grillen Sie das Grillgut besser wenige Minuten über direkter Hitze scharf an, und garen Sie es dann bei indirekter Hitze fertig. Diese Methode wird auch als kombiniertes Grillen bezeichnet.

- **Beugen Sie einem Auflodern der Flammen vor,** indem Sie überschüssiges Fett vor dem Grillen von Geflügel und Fleisch entfernen.

- **Wasser und Feuer vertragen sich nicht!** Bekämpfen Sie auflodernde Flammen niemals mit Wasser. Der entstehende Wasserdampf kann schlimme Verbrennungen verursachen. Kaltes Wasser kann zudem die emaillierte Oberfläche des Grills beschädigen.

- **Legen Sie den Boden des Grills nicht mit Alufolie aus,** dies würde nur die Luftzirkulation im Grill unterbrechen. Wenn Sie empfindliches Grillgut auf Alufolie grillen möchten, benutzen Sie spezielle Aluschälchen. Auf normaler Folie bilden sich leicht Fettlachen, die beim Heruntertropfen wiederum ein Aufflammen hervorrufen würden.

Zubehör

Nicht jedes Grillzubehör, das zum Kochen im Freien angepriesen wird, ist wirklich sinnvoll. Oft genügen einige wenige Geräte, die das Grillen einfacher und sicherer machen. Bevorzugen Sie Zubehör mit langen Griffen! Hölzerne Griffe werden nicht so schnell heiß wie solche aus anderen Materialien.

■ Ein absolutes Muss ist ein **Bratenpinsel mit Naturhaarborsten**, um die Speisen vor und während des Grillens leicht mit Öl einzustreichen und dadurch ein Ankleben zu verhindern.

■ Mit einer **Grillzange** lassen sich die meisten Grillspezialitäten gut wenden. Wählen Sie ein Gerät aus rostfreiem Edelstahl mit langen, hölzernen Griffen.

■ Hamburger, Steaks und empfindliche Fischfilets lassen sich mit einem breiten **Metallspatel** aus massivem, rostfreien Edelstahl am besten wenden.

■ Eine **langstielige Gabel** ist hilfreich, um größere Bratenstücke oder Geflügel vom Rost zu heben. Stechen Sie jedoch nicht während des Grillens in das Fleisch, da sonst der wertvolle Bratensaft austritt.

■ Ein hochwertiger **Grill-Handschuh** schützt vor Verbrennungen. Ein Stulpenhandschuh schützt darüber hinaus auch noch vor Verbrennungen am Unterarm.

■ **Spieße** werden in allen erdenklichen Formen und Längen angeboten, von einfachen Edelstahlspießen bis hin zu doppelzinkigen Spießen. Wer nicht gleich in eine Profiausstattung investieren möchte, ist mit Bambus- oder Holzspießen gut beraten. Vergessen Sie jedoch nicht, diese vor der Verwendung mindestens 30 Minuten in kaltem Wasser einzuweichen.

■ Ein **Küchenwecker** erweist sich manchmal als recht hilfreich: Beim Grillen unter geschlossenem Deckel gerät das Essen aus den Augen – der Wecker erinnert Sie daran, Ihr Grillgut zu wenden oder vom Grill zu nehmen.

■ Eine **Grillbürste** mit rostfreien Messingborsten erleichtert das Reinigen des Grillrostes erheblich. Am einfachsten gelingt die Reinigung, wenn Sie den Grill anheizen, um eventuell vorhandene Essensreste vom Rost abzubrennen. Lassen Sie den Rost etwas abkühlen und bürsten Sie ihn ab.

■ Ein **Bratenthermometer** ist für das Garen von Fleischstücken, die dicker als 2,5 cm sind, unverzichtbar. Es zeigt die Temperatur des Fleischstücks an (vgl. Tabellen S. 66, 67, 88, 89) und hilft Ihnen, es auf den Punkt genau zu garen. Stechen Sie mit dem Thermometer an der dicksten Stelle des Fleischs ein, wenn Sie meinen, das Fleisch könnte gar sein. Lassen Sie das Thermometer aber niemals während des Grillens im Fleisch stecken!

Eine langstielige Grillbürste ist ideal, um den heißen Grillrost nach jedem Gebrauch zu reinigen.

Bild rechts: Langstieliges Grillzubehör macht das Barbecue-Vergnügen sicherer, Sie können zudem schneller und effizienter agieren.

Marinaden

Marinaden sind aus der Grillküche nicht mehr wegzudenken. Sie verstärken und verfeinern den Geschmack von Fleisch, Fisch und Gemüse. Einfache
Fleischstücke gewinnen an Geschmack, wenn man
sie kurz in Olivenöl einlegt, das mit Kräutern und
Gewürzen verfeinert wurde. Generell ist Pflanzenöl
Basis der meisten Marinaden, denn es hält das
Fleisch beim Grillen schön saftig. Überschüssiges
Öl muss allerdings grundsätzlich vor dem Grillen
abgetupft werden, um ein Auflodern der Flammen
zu vermeiden.

Tipps und Hinweise

Mariniertes Fleisch sollte eine Weile an einem kühlen Ort durchziehen. Allerdings nicht im Kühlschrank, sofern die Marinierzeit
weniger als 2 Stunden beträgt. Denn andernfalls muss es vor dem
Grillen erst wieder auf Zimmertemperatur gebracht werden.

Rechnen Sie für Geflügel und Fleisch etwa 1 Stunde Marinierzeit,
bei Fisch reichen bereits 30 Minuten aus. Wird das Grillgut eingeschnitten, kann das Aroma schneller eindringen und die Marinierzeit verkürzt sich.

Essig oder Zitronensaft machen das Fleisch zarter. Bereiten Sie
säurehaltige Marinaden allerdings nie in Aluschüsseln zu, da sich
beim Zusammenspiel von Säure und Metall der Geschmack ver-
fälscht.

Bild S. 25 oben: Klassische chinesische Marinade
Bild S. 25 Mitte: Marinade mit würzigem Ingwer-Joghurt
Bild S. 25 unten: Zitrone-Oregano-Marinade

Marinade mit frischem Rosmarin und Knoblauch

für je 900 g Lamm, Rind, Kalb, Schwein, Hähnchen oder Pute
2 Stängel Rosmarin
150 ml Olivenöl
2 EL Weißweinessig
3 gehackte Knoblauchzehen
½ EL zerstoßene Pfefferkörner

Den Rosmarin waschen, trocken tupfen, die Blättchen abzupfen
und fein hacken. Alle Zutaten gut vermischen. Das Grillfleisch
in ein flaches Gefäß legen und die Marinade darüber gießen.
Das Fleisch 1 Stunde marinieren, zwischendurch einmal wenden.

Zitronen-Oregano-Marinade

für je 900 g Lamm, Schwein, Kalb, Hähnchen, Pute oder Fisch
1 gehackte Knoblauchzehe
2 EL frischer, gehackter Oregano
150 ml Olivenöl
abgeriebene Schale und Saft von 1 unbehandelten Zitrone
Salz, schwarzer Pfeffer aus der Mühle

Alle Zutaten gut vermischen. Das Grillfleisch in ein flaches
Gefäß legen und die Marinade darüber gießen. Das Fleisch
darin 1 Stunde, den Fisch 30 Minuten marinieren, zwischendurch einmal wenden.

Marinade mit würzigem Ingwer-Joghurt

für je 900 g Lamm, Hähnchen, Ente, Pute oder Fisch
225 g Joghurt
2 gehackte Knoblauchzehen
½ EL frisch geriebener Ingwer
Saft von ½ Zitrone
1 TL Kreuzkümmel
1 TL gemahlener Koriander
½ TL zerstoßener Kardamom
½ TL Cayennepfeffer
½ TL Salz
3 EL gehackte Minze

Den Joghurt mit den restlichen Zutaten gut verrühren. Das
Grillfleisch in ein flaches Gefäß legen und die Marinade darüber gießen. Lamm- bzw. Hähnchenfleisch 1 Stunde, den Fisch
30 Minuten marinieren, zwischendurch einmal wenden.

Klassische chinesische Marinade

für je 900 g Rind, Schwein, Hähnchen, Ente oder Fisch
3 EL Reisweinessig
3 EL Sojasauce
1 EL Sesamöl
2 EL flüssiger Honig
½ EL frisch geriebener Ingwer
3 gehackte Knoblauchzehen
1 TL chinesisches Fünf-Gewürze-Pulver

Alle Zutaten mit dem Schneebesen gut vermischen. Das Grill-fleisch in ein flaches Gefäß legen und die Marinade darüber gießen. Rind-, Schwein- bzw. Hähnchenfleisch darin 1 Stunde, den Fisch 30 Minuten marinieren, zwischendurch einmal wenden.

Marinade mit Dill, Meerrettich und schwarzen Pfefferkörnern

für je 900 g Rind oder Fisch
6 EL Olivenöl
6 EL Weißweinessig
Saft von ½ Zitrone
3 EL frischer, gehackter Dill
½ EL geriebener Meerrettich
Salz, schwarzer Pfeffer aus der Mühle

Alle Zutaten gut vermischen. Das Grillfleisch in ein flaches Gefäß legen und die Marinade darüber gießen. Rindfleisch 1 Stunde, den Fisch 30 Minuten marinieren, zwischendurch einmal wenden.

Dijon-Marinade

für je 900 g Lamm, Schwein, Rind, Kalb, Hähnchen oder
weißen Fisch
2 EL Dijon-Senf
4 EL Weißweinessig
4 EL Olivenöl
1 gehackte Schalotte
1 gehackte Knoblauchzehe
Salz, schwarzer Pfeffer aus der Mühle

Alle Zutaten gut vermischen. Das Grillfleisch in ein flaches Gefäß legen und die Marinade darüber gießen. Lamm-, Schweine-, Rind-, Kalb- bzw. Hähnchenfleisch 1 Stunde, den Fisch 30 Minuten darin marinieren, zwischendurch einmal wenden.

Gewürzmischungen aus Kräutern und Gewürzen

Unter »Marinaden« stellt man sich flüssige Würzsaucen auf Ölbasis vor, in die Fleisch oder Fisch eingelegt werden. Gewürzmischungen sind eine Art »Trockenmarinade«. Das Grillgut wird mit der Gewürzmischung eingerieben und erhält auf diese Weise seinen würzigen Geschmack. Sie können jedoch auch einen Spritzer Olivenöl zu der Mischung geben, um eine Würzpaste zu erhalten, mit der Sie das Grillfleisch einreiben.
Wenn das Fleisch zuvor eingeschnitten wird, zieht das Aroma schneller ein und schmeckt intensiver. Lassen Sie die Gewürzmischung etwa 1 Stunde einwirken.

Süß-scharfe Gewürzmischung

für je 900 g Lamm, Schwein, Rind, Kalb oder Hähnchen
2 TL Chilipulver
2 TL Paprikapulver
3 TL Zucker
1 TL Kreuzkümmel
1 TL Cayennepfeffer
1 TL gemahlene Senfkörner
2 TL schwarzer Pfeffer aus der Mühle
1 TL Knoblauchsalz

Alle Zutaten in eine Schüssel geben und gründlich vermischen.

Cajun-Mischung

für je 900 g aller Fleischsorten, Hähnchen, Pute oder Fisch
2 TL Rosenpaprika
1 TL getrockneter Thymian
1 TL getrockneter Oregano
1 TL schwarze Pfefferkörner
1 TL weiße Pfefferkörner
1 TL Zwiebelpulver
1 TL Knoblauchpulver
1 TL Salz
1 TL getrockneter Kreuzkümmelsamen

Alle Zutaten in einen Mörser geben und zu einem feinen Pulver zerreiben.

Bild S. 27 oben: Zitronen-Kräuter-Mischung
Bild S. 27 Mitte: Texanische Mischung
Bild S. 27 unten: Marokkanische Mischung

Texanische Mischung

für je 900 g Lamm, Schwein, Kalb, Pute oder Hähnchen
1 gehackte Knoblauchzehe
1 TL Senfkörner
1 EL Salz
1 TL Chilipulver
1 TL Cayennepfeffer
1 TL Paprikapulver
½ TL gemahlener Koriander
½ TL gemahlener Kreuzkümmel

Die Knoblauchzehe und die Senfkörner in einen Mörser geben und zerreiben. Mit den restlichen Zutaten gut vermischen.

Marokkanische Mischung

für je 900 g Lamm, Hähnchen, Ente, Pute oder Fisch
1 TL gemahlener Kreuzkümmel
abgeriebene Schale von 1 unbehandelten Zitrone
½ TL Safranpulver
1 TL Chilipulver
1 TL Koriander
2 EL frisches, gehacktes Koriandergrün
1 gehackte Knoblauchzehe
½ TL Salz
½ TL schwarzer Pfeffer aus der Mühle

Alle Zutaten in eine Schüssel geben und gründlich verrühren.

Tipp: Wird diese Marinade für Fischgerichte zubereitet, empfiehlt es sich, die Gewürzmischung mit 2 EL Olivenöl und 1 EL Limettensaft zu einer Paste zu verrühren.

Zitronen-Kräuter-Mischung

für je 900 g Schwein, Hähnchen, Pute oder Fisch
4–6 gehackte Knoblauchzehen
2 TL getrocknete Rosmarinnadeln
1 TL getrocknetes Basilikum
½ TL getrockneter Thymian
abgeriebene Schale von 1 Zitrone
¼ TL Salz
½ TL schwarzer Pfeffer aus der Mühle

Knoblauch, Rosmarin, Basilikum und Thymian im Mörser zerreiben und mit den übrigen Zutaten gut vermischen.

Gewürzte Butter

Gewürzte Butter ist eine wunderbar schnelle Beigabe für gegrilltes Fleisch, Geflügel und Fisch. Gewürzte Butter kann gut vorbereitet und im Handumdrehen zubereiten werden!
Rühren Sie einfach Ihre Lieblingskräuter und Gewürze unter die weiche Butter. Die aromatisierte Butter auf ein Stück Backpapier legen, zu einer Rolle formen. Schlagen Sie die Enden hoch und falten Sie sie zusammen. Im Kühlschrank fest werden lassen. Zum Servieren die Butter in Scheiben schneiden und unmittelbar vor dem Servieren auf das fertig gegrillte Fleisch legen. Die Butter kann auch auf Vorrat zubereitet und portionsweise eingefroren werden.

Koriander-Orangen-Butter

Passt sehr gut zu Rind, Schwein und Fisch.
250 g weiche Butter
abgeriebene Schale von 1 Orange
2 EL frisches, gehacktes Koriandergrün

Alle Zutaten gründlich vermischen, zu einer Rolle formen und kalt stellen, wie beschrieben.

Butter mit dreierlei Pfeffer

Passt sehr gut zu Rind, Schwein und Fisch.
1 TL grüne Pfefferkörner in Salzlake
250 g weiche Butter
1 TL rosa Pfefferkörner
1 TL schwarzer Pfeffer

Die Pfefferkörner abtropfen lassen. Alle Zutaten gründlich verrühren, zu einer Rolle formen und kalt stellen, wie beschrieben.

Butter mit geröstetem Chili

Passt sehr gut zu Rind, Schwein, Gemüse und Fisch.
5 große rote Chilischoten
1 EL Olivenöl
2 EL frische, gehackte Petersilie
250 g weiche Butter

Die Chilischoten in einen kleinen Bräter legen, mit dem Öl bestreichen und im vorgeheizten Ofen bei 230° 10 – 15 Minuten rösten. Abkühlen lassen, Stielansätze entfernen, die Kerne herauskratzen und die Chilis grob hacken. Mit der Petersilie unter die Butter rühren, zu einer Rolle formen und kalt stellen, wie beschrieben.

Zitronen-Fenchel-Butter

Passt sehr gut zu Hähnchen, Schwein, Fisch und Meeresfrüchten.
1 TL Fenchelsamen
abgeriebene Schale von 1 unbehandelten Zitrone
250 g weiche Butter
1 EL gehackter Fenchel

In einer kleinen Pfanne die Fenchelsamen ohne Öl rösten, bis sie ihr Aroma verströmen. In einem Mörser grob zerstoßen. Zusammen mit der Zitronenschale und dem gehackten Fenchel unter die Butter mischen, zu einer Rolle formen und kalt stellen, wie beschrieben.

Butter mit Kräutern der Provence

Passt sehr gut zu Hähnchen, Schwein, Lamm, Fisch und Meeresfrüchten.
Je 1 TL frischer, gehackter Thymian, Majoran, Basilikum, Oregano
250 g weiche Butter

Alle Zutaten gründlich vermischen, zu einer Rolle formen und kalt stellen, wie beschrieben.

Bild rechts: Butter mit geröstetem Chili

Ganz gleich, mit welchen Zutaten Sie
die Butter aromatisieren: Verrühren Sie
alles sorgfältig und gleichmäßig, bevor
Sie die Butter formen.

Vorspeisen

Einladungen zum gemeinsamen Essen und Feiern mit
Freunden sind sehr beliebt. Nicht selten zieht es die Gäste
in die Küche. Ein Grillfest bildet in dieser Hinsicht keine
Ausnahme: Ist der Grill erst einmal angezündet, versam-
meln sich alle erwartungsvoll um die Feuerstelle. Bieten
Sie ihren Gästen einen kleinen Vorgeschmack auf das,
was sie kulinarisch erwartet. Appetithäppchen oder Vorspeisen sind auch beim Barbecue beliebt, und es bedarf
nur geringer Vorbereitungen, um unwiderstehliche heiße
Häppchen anbieten zu können.

Würzige Saté-Spießchen

Gas	direkt/starke Hitze	✹ ✹
Grillkohle	direkt	
Zubereitungszeit	40 Min. + Marinierzeit	Für
plus Grillzeit	4–5 Min.	4 Personen

Für die Saté-Spieße
2 rote Chilischoten
1 EL Olivenöl
1 gehackte Zwiebel
3 EL helle Sojasauce
1 EL Zucker
Saft von 1 Limette
150 g Hähnchenbrustfilet ohne Haut
150 g Lendensteak
150 g Schweinefilet

Saté-Sauce
1 EL Öl
1 gehackte Knoblauchzehe
1 TL fein gehacktes Zitronengras (aus dem Asia-Shop)
5 EL Erdnussbutter mit Nussstückchen
150 ml Kokosmilch
Saft von 1 Limette
1 TL Zucker
1 TL Chilipulver
Öl zum Bestreichen

Außerdem
12 Bambusspieße

1. Die Bambusspieße für 30 Minuten in kaltem Wasser einweichen. Die Chilischoten entkernen und fein würfeln. Das Öl erhitzen und darin die Zwiebel- und Chiliwürfel in 3–4 Minuten weich dünsten. Sojasauce, Zucker und Limettensaft unterrühren, abkühlen lassen.

2. Währenddessen die Filets und das Steak in jeweils 6–8 lange Streifen schneiden. Das Fleisch mit der Marinade übergießen und bei Zimmertemperatur 1 Stunde ziehen lassen.

3. Das Öl erhitzen, Knoblauch und Zitronengras darin 2 Minuten anschwitzen. Erdnussbutter, 50 ml warmes Wasser, Kokosmilch, Limettensaft, Zucker und Chili unterrühren, 2–3 Minuten leise köcheln lassen, bis die Sauce eingedickt ist. Warm stellen.

4. Die Fleischstreifen aus der Marinade nehmen, je 1 Streifen auf einen Bambusspieß fädeln. Den Grillrost mit etwas Öl bestreichen, die Spießchen bei großer Hitze 4–5 Minuten grillen, dabei einmal wenden. Mit der warmen Saté-Sauce servieren.

Der Limettensaft in der Marinade macht Fleisch und Geflügel schön zart.

Durch die leichte Schärfe des Zitronengrases in der Saté-Sauce wird das Erdnuss-Aroma besonders hervorgehoben.

Garnelen
Garnelen im Schinkenmantel

Gas	direkt/mittlere Hitze	☀
Grillkohle	direkt	
Zubereitungszeit	25 Min. + 1 Std. Einweichzeit	Für
plus Grillzeit	6 Min.	12 Personen

24 Riesengarnelen, geschält
2 gehackte Knoblauchzehen
1 EL frischer, gehackter Dill oder ½ EL getrockneter Dill
1 EL frischer, gehackter Estragon oder ½ EL getrockneter Estragon
Salz, schwarzer Pfeffer aus der Mühle
1 EL Olivenöl
12 Scheiben Parmaschinken

Außerdem
12 Spieße

1. Bei Verwendung von Bambusspießen diese 1 Stunde in kaltem Wasser einweichen. Die Rücken der Garnelen leicht einschneiden und den dunklen Darm entfernen. Die Garnelen kurz unter kaltem Wasser abspülen und mit Küchenpapier trocken tupfen. Zusammen mit dem Knoblauch, Dill, Estragon, wenig Salz, Pfeffer und Olivenöl in eine Schüssel geben. Alles vermischen, bis die Garnelen völlig mit der Würzmischung überzogen sind. Die Schinkenscheiben längs halbieren und je 1 Garnele darin einwickeln.

2. Je 2 Garnelenpäckchen mit etwas Abstand auf die Spieße stecken. Bei mittlerer Hitze 5–6 Minuten grillen, bis die Garnelen rosa und fest sind, dabei einmal wenden. Sofort servieren.

Riesengarnelen
mit scharf-süßer Sauce

Gas	direkt/mittlere Hitze	☀ ☀
Grillkohle	direkt	
Zubereitungszeit	25 Min.	Für
plus Grillzeit	2–3 Min.	4 Personen

Für die Riesengarnelen
16 Jumbogarnelen (Tiger Prawns), geschält
1 gehackte Knoblauchzehe
2 EL Olivenöl
Salz, schwarzer Pfeffer aus der Mühle

Für die Sauce
1 gehackte Knoblauchzehe
2 EL helle Sojasauce
3 EL flüssiger Honig
abgeriebene Schale und Saft von 1 unbehandelten Zitrone
2 EL frisches, gehacktes Koriandergrün
1 TL Chilipulver

Außerdem
8 Bambusspieße

1. Die Bambusspieße in 10 cm lange Stücke schneiden und in kaltem Wasser 30 Minuten einweichen. Die Rücken der Garnelen leicht einschneiden und den dunklen Darm entfernen. Die Garnelen kurz unter kaltem Wasser abspülen und mit Küchenpapier trocken tupfen. Zusammen mit Knoblauch und Olivenöl in eine Schüssel geben, kräftig salzen und pfeffern, gut vermischen und 15 Minuten marinieren.

2. Währenddessen für die Sauce den Knoblauch, Sojasauce, Honig, die abgeriebene Schale und die Hälfte des Zitronensaftes, Koriander und Chili in eine Schüssel geben. So lange verrühren, bis sich der Honig aufgelöst und unter die anderen Zutaten gemischt hat. Die Sauce auf vier Schälchen verteilen.

3. Auf jeden Spieß 2 Garnelen stecken und bei mittlerer Hitze 2–3 Minuten grillen, bis sie rosa und zart sind, dabei einmal wenden. Noch heiß mit der Sauce servieren.

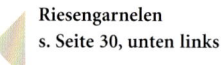

Riesengarnelen
s. Seite 30, unten links

Hähnchenflügel
mit Ingwer und Zitrone

Gas	indirekt/mittlere Hitze		✳ ✳
Grillkohle	indirekt		
Zubereitungszeit	20 Min.	Für	
plus Grillzeit	30 Min.	6 Personen	

1 Stück eingelegter Ingwer (Fertigprodukt in Sirup)
5 EL flüssiger Honig
2 EL trockener Sherry
abgeriebene Schale und Saft von 1 unbehandelten Zitrone
Salz, schwarzer Pfeffer aus der Mühle
12 große Hähnchenflügel
Öl zum Bestreichen

Außerdem
6 Metallspieße

1. Den Ingwer in schmale Streifen schneiden und mit 1 EL des Sirups in eine Schüssel geben.

2. Den Honig, Sherry, Limettenschale und -saft zugeben und gründlich verrühren. Die Mischung salzen, pfeffern und in einen kleinen Topf umfüllen, zum Kochen bringen und etwa 3–4 Minuten köcheln lassen, bis die Sauce eingedickt ist. Beiseite stellen und abkühlen lassen.

3. Von den Hähnchenflügeln die spitzen Enden abschneiden und je 2 Flügel quer auf 1 Metallspieß stecken. So lassen sie sich am besten wenden.

4. Den Grillrost mit wenig Öl einstreichen, die Spieße bei mittlerer Hitze 20 Minuten grillen, dabei einmal wenden.

5. Die Flügel mit dem Ingwer-Limettensirup bestreichen und weitere 5 Minuten grillen. Wenden, auch über die Rückseite den Sirup geben und nochmals 5 Minuten grillen. Heiß servieren.

Sardellen-Bruschetta

Gas	direkt/mittlere Hitze		✳
Grillkohle	direkt		
Zubereitungszeit	15 Min.	Für	
plus Grillzeit	10 Min.	6 Personen	

6 kleine Eiertomaten
2 EL Olivenöl
6 dicke Scheiben Baguette
1–2 Knoblauchzehen
2 EL Tapenade oder schwarze Olivenpaste (Fertigprodukt)
6 große Basilikumblätter
12 Sardellenfilets (aus dem Glas)
schwarzer Pfeffer aus der Mühle
Olivenöl zum Beträufeln

1. Die Eiertomaten halbieren, mit etwas Olivenöl bestreichen und bei mittlerer Hitze 5–6 Minuten grillen, bis sie gebräunt sind. Vom Rost nehmen und beiseite stellen. Nun die Baguettescheiben bei mittlerer Hitze direkt 2–3 Minuten grillen, bis sie schön getoastet sind, dabei einmal wenden.

2. Die Knoblauchzehen schälen, die Brotscheiben vom Grill nehmen und sofort mit der Knoblauchzehe einreiben. Die Tapenade auf die Brote verteilen, darauf je 2 Tomatenhälften, 1 Basilikumblatt und 2 Sardellenfilets arrangieren. Mit schwarzem Pfeffer würzen und etwas Olivenöl darüber träufeln.

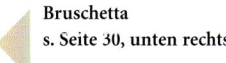
Bruschetta
s. Seite 30, unten rechts

Auberginen-Ziegenkäse-Röllchen
mit Raita-Sauce

Gas	direkt/mittlere Hitze	✳ ✳
Grillkohle	direkt	
Zubereitungszeit	25 Min. + Einweichzeit	Für
plus Grillzeit	4 Min.	8 Personen

Für die Spieße
2 Auberginen
4 EL Olivenöl zum Bestreichen
Salz, Pfeffer aus der Mühle
175 g Ziegenkäse
3 EL frischer, gehackter Salbei

Für die Raita-Sauce
300 g Joghurt
2 gehackte Knoblauchzehen
4 EL frische, gehackte Minze
Salz, Pfeffer aus der Mühle

Außerdem
16 Cocktailspieße

1. Cocktailspieße für 30 Minuten in kaltem Wasser einweichen. Die Auberginen gründlich waschen. Mit einem scharfen Messer die Enden der Auberginen abschneiden und jede Aubergine längs in 8 Scheiben schneiden. Die Scheiben von beiden Seiten mit Öl bestreichen, kräftig salzen und pfeffern. Bei mittlerer Hitze von jeder Seite 3 Minuten grillen, bis sie zart sind. Vom Grill nehmen und abkühlen lassen.

2. Den Ziegenkäse in 16 Stücke schneiden. Je 1 Stück Käse auf 1 Auberginenscheibe legen, mit etwas gehacktem Salbei bestreuen, zusammenrollen und mit einem Cocktailspießchen fixieren. Die Röllchen direkt bei niedriger Hitze 4 Minuten grillen, dabei einmal wenden.

3. Währenddessen für die Raita den Joghurt mit dem Knoblauch und der Minze verrühren. Mit Salz und Pfeffer abschmecken und bis zur Verwendung kalt stellen.

4. Die Raita auf kleine Schälchen verteilen und zu den warmen Auberginenröllchen servieren.

Gegrillte Austern
mit buttriger Barbecue-Sauce

Gas	direkt/hohe Hitze	✳
Grillkohle	direkt	
Zubereitungszeit	30 Min.	Für
plus Grillzeit	5 Min.	3 Personen

1 EL Butter
1 fein gehackte Knoblauchzehe
2 EL Zitronensaft
2 EL milde Chilisauce (Fertigprodukt)
12 frische Austern

1. Die Butter erhitzen, den Knoblauch darin unter Rühren 2–3 Minuten andünsten, bis die Butter leicht gebräunt ist. Vom Herd nehmen und mit dem Zitronensaft und der Chilisauce mischen. Mit einem Pürierstab oder im Mixer zu einer glatten Barbecue-Sauce pürieren.

2. Die Austern so in ein zusammengefaltetes Geschirrtuch legen, dass die flache Seite nach oben zeigt. Um sie zu öffnen, mit einem Austernmesser in das Scharnier stoßen und die Schale aufhebeln, dabei darauf achten, dass die Flüssigkeit in der Muschel bleibt. Das Muskelfleisch mit einem Schnitt von der Schale lösen und die obere Hälfte abnehmen, sodass das Fleisch in der unteren, tiefen Schalenhälfte bleibt.

3. Über jede Auster ½ TL der Barbecue-Sauce verteilen und bei starker Hitze auf den Grillrost setzen. 2–3 Minuten grillen, bis die Flüssigkeit in den Muschelschalen kocht, weitere 1–2 Minuten auf dem Grill belassen.

Bild links: Auberginen-Ziegenkäse-Röllchen
Bild rechts: Gegrillte Muscheln

Stoßen Sie mit einem Austernmesser
behutsam in das Scharnier und öffnen Sie die Muschel ganz vorsichtig.

Minze-Zucchini
mit Hummus

Gas	direkt/mittlere Hitze	✳ ✳
Grillkohle	direkt	
Zubereitungszeit	30 Min.	Für
plus Grillzeit	8 Min.	8–10 Personen

Für das Hummus
240 g Kichererbsen (aus der Dose)
2 gehackte Knoblauchzehen
3 EL Zitronensaft
4 EL Tahini (Sesampaste, Reformhaus)
3 EL Olivenöl
1 TL gemahlener Kreuzkümmel
Salz, schwarzer Pfeffer aus der Mühle

Für die Minze-Zucchini
2 EL Olivenöl
1 EL frische, gehackte Minze
650 g mittelgroße Zucchini
Öl zum Bestreichen
10 schwarze Oliven, entsteint, geviertelt
Cayennepfeffer

1. Für das Hummus die Kichererbsen abgießen, abtropfen lassen, die Flüssigkeit auffangen. In einem Mixer die Kichererbsen mit 1–2 EL Flüssigkeit fein pürieren.

2. Den Knoblauch, Zitronensaft und Tahini zugeben und weiter mixen, bis eine gleichmäßige Paste entstanden ist. Den Mixer weiter laufen lassen und in einem dünnen Strahl das Olivenöl zugießen. Den Kreuzkümmel zugeben, kräftig salzen und pfeffern, nochmals kurz vermischen, und das Hummus bis zur weiteren Verwendung kalt stellen.

3. Für die Zucchini in einer großen Schüssel das Olivenöl mit der Minze verrühren. Die Zucchini waschen, die Enden abschneiden, die Zucchini längs halbieren und mit etwas Öl bestreichen. Bei mittlerer Hitze von jeder Seite 4 Minuten grillen, vom Rost nehmen und jede Hälfte in 3 Stücke schneiden. In die Schüssel mit dem Minze-Öl geben und mischen, bis die Stücke gleichmäßig mit dem Öl bedeckt sind. 5 Minuten ziehen lassen.

4. Auf jedes Zucchinistück einen Löffel Hummus geben, mit den schwarzen Oliven dekorieren und mit Cayennepfeffer bestreuen. Auf einer Platte anrichten und kalt servieren.

Wenn Sie die Zucchinihälften nach 3–4 Minuten wenden, sollte die Unterseite das typische Grillmuster aufweisen.

Fisch und Schaltiere

Ein offenes Feuer, über dem frischer Fisch und Meeresfrüchte duftend brutzeln – das ist Barbecue-Feeling pur. Erstaunlicherweise rechnen viele Grillfans bei Fisch mit einer komplizierten und zeitaufwendigen Zubereitung. Das Gegenteil ist der Fall. Kleine Fische und Schaltiere sind für das Barbecue einfach ideal. Sie sind schnell vorzubereiten und machen keinerlei Mühe beim Grillen.

Von traditionellen japanischen Fischsteaks nach Teriyaki Art, über australische Garnelen-Muschel-Spieße bis hin zu skandinavischen Makrelen mit scharfem Dill-Kapern-Tomatendressing können alle Gerichte zubereitet werden, die das Herz des Fischfans höher schlagen lassen.

Lassen Sie sich zu einer lukullischen Weltreise entführen!

Die perfekte Zubereitung von Fisch

Einkauf und Vorbereitung

Wenn es bei Ihrem Gericht nicht auf die Fischsorte ankommt, wählen Sie den Fisch, der an diesem Tag frisch eingetroffen ist. Frischer Fisch schmeckt einfach besser!

Fangfrischen Fisch erkennen Sie an seinem dezenten Duft nach Meer, der nichts »Fischiges« hat. Die Augen sind klar und glasig. Die Kiemen sollten eine kräftige rosa Farbe besitzen und nicht matt oder rot verfärbt sein, die Schuppen dicht und glänzend am Körper liegen. Auf Nummer sicher gehen Sie, wenn Sie bei einem großen Fischhändler einkaufen. Denn je mehr Fisch verkauft wird, desto öfter wird frische Ware geliefert. Außerdem können Sie den Fisch im Ganzen begutachten, bevor der Verkäufer ihn ausnimmt und filetiert. Denn bevor Sie einen ganzen Fisch grillen können, muss er ausgenommen, geschuppt und die Flossen abgeschnitten sein. Ob Sie ihn mit oder ohne Kopf grillen, bleibt Ihnen überlassen.

Fisch würzen

Kräuter und Gewürze können Grillfisch noch veredeln. Schneiden Sie ganze Fische vor dem Marinieren auf beiden Seiten drei- bis viermal tief ein, damit das Aroma der Marinade sich besser über das Fischfleisch verteilen kann. Oder spicken Sie diese Einschnitte einfach mit Kräutern, Zitronen- oder Limettenschnitzen. Die Einschnitte können auch mit gewürzter Butter gefüllt werden, dann muss allerdings der Fisch in Alufolie gewickelt gegrillt werden, damit die schmelzende Butter nicht in die Glut tropft. Filets werden besser mariniert oder zum Ende der Grillzeit mit einer würzigen Sauce oder Glasur bestrichen.

Fisch grillen

■ **Ganze Fische** können direkt auf den Grillrost gelegt werden. Um ein Ankleben zu vermeiden, ölen Sie die Haut zuvor gut ein. Alternativ können Sie ihn auch auf Alufolie oder in spezielle Grillschalen legen.

■ **Grillen Sie aromatisierten Fisch** grundsätzlich in Alufolie gewickelt, die Enden fest verschlossen, sodass der Saft erhalten bleibt.

■ **Festfleischige Fischfilets und Steaks** können ebenfalls direkt auf den gut eingeölten Grillrost gelegt werden. Empfindliche Filets, die leicht zerfallen, grillt man auf einem Stück Alufolie, deren Ränder hochgeschlagen wurden, damit die Flüssigkeit nicht heruntertropft. Bei dieser Methode können Sie auch noch ein wenig Fischfond oder Wein zugeben, damit der Fisch schön saftig bleibt.

■ **Um zu testen, ob der Fisch bereits durch ist,** stechen Sie mit einer Messerspitze in den dicksten Teil des Fisches. Ziehen Sie das Messer wieder heraus: ist die Spitze heiß, ist der Fisch gar. Man kann auch vorsichtig in den Fisch stechen und das Fleisch etwas auseinander schieben, um zu sehen, ob es bereits durchgegart ist.

Die meisten Fischsorten schmecken noch besser, wenn sie mit Kräutern und Gewürzen aromatisiert werden.
Zum Beispiel diese Lachssteaks auf thailändische Art mit Chili, Zitronengras und Limettensaft (Rezept s. Seite 50).

Kräuter und Gewürze für Fisch und Meeresfrüchte

Estragon ■ Dill ■ Fenchel ■ Oregano ■ Basilikum ■ Minze ■ Koriander ■ Chili ■ Ingwer ■ Kokosnuss ■ Kapern ■ Sojasauce ■ Sesamöl ■ Senf ■ Zitrone ■ Limette ■ Champignons ■ Frühlingszwiebeln ■ Weißwein

Gut zu wissen!

■ *Fisch und Meeresfrüchte sollten immer sanft nach Meer duften, niemals streng nach Fisch riechen.*

■ *Bewahren Sie frischen Fisch immer im Kühlschrank auf. Am besten kaufen Sie den Fisch erst an dem Tag, an dem er gegrillt werden soll.*

■ *Waschen Sie den Fisch vor der Zubereitung gründlich unter kaltem Wasser ab.*

■ *Achten Sie bei der Zubereitung von Miesmuscheln, Venusmuscheln und Jakobsmuscheln darauf, dass alle Schalen fest verschlossen sind, und werfen Sie alle Muscheln weg, die offen sind. Auch die Muscheln, die nach dem Kochen oder Grillen noch geschlossen sind, müssen auf jeden Fall weggeworfen werden.*

■ *Waschen Sie gründlich Ihre Hände, Küchenutensilien, Schneidbretter und Arbeitsflächen, die mit rohem Fisch und Meeresfrüchten in Berührung gekommen sind. Von rohem Fisch geht an sich keine Gesundheitsgefahr aus, er kann aber sehr leicht den Geschmack von anderen Lebensmitteln beeinträchtigen.*

Vorbereiten und Grillen von Meerestieren

■ **Garnelen** können – je nach Geschmack – sowohl mit als auch ohne Schale gegrillt werden. Wenn im Rezept nicht anders angegeben, entfernen Sie mit einer drehenden Bewegung den Kopf. Soll der Garnelenschwanz mitsamt der Schale gegrillt werden, schneiden Sie mit einem scharfen Messer durch die Schale etwa 5 mm tief den Rücken ein und entfernen Sie mit einem Zahnstocher den dunklen Darm. Möchten Sie nicht am Tisch »pulen«, schälen Sie die Garnelen. Wenn Sie sie auf einem Spieß grillen, lassen sie sich am leichtesten wenden.

■ **Hummer** wird längs mit einem schweren Küchenmesser halbiert. Entfernen Sie die lange dunkle Ader, die entlang des Hummerschwanzes verläuft und knacken Sie die Scheren mit dem Griff eines großen Messers. Damit er saftig bleibt, grillen Sie den Hummer zuerst ½–1 Minute mit der Fleischseite nach unten direkt bei mittlerer Hitze. Dann wenden Sie ihn und grillen ihn weitere 8–10 Minuten, bis das Fleisch fest und die Schale kräftig rot ist. Mit Zitronenschnitzen und gewürzten Butterstückchen servieren.

■ **Miesmuscheln** und **Venusmuscheln** werden in Portionen à 450 g auf einem großen Stück Alufolie mit Butter, Wein und Kräutern über mittlerer Hitze indirekt gegrillt, bis sie geöffnet sind. Werfen Sie alle Muscheln weg, die nach dem Garen noch geschlossen sind.

■ **Jakobsmuscheln** öffnen Sie, indem Sie die Klinge eines scharfen Messers zwischen das Scharnier stecken und den Schließmuskel durchtrennen. Eine Schalenhälfte wird weggeworfen. Entfernen Sie den grauen gekräuselten Teil der Muschel, sodass nur der Corail (das grüne Mark, das beim Kochen rot wird) und das Muskelfleisch in der unteren Schale übrig bleiben. So kann die Muschel direkt über mittlerer Hitze in 6–8 Minuten zart gegrillt werden. Sie können aber auch Corail und Muschelfleisch ganz aus der Schale lösen und auf einen Spieß gesteckt grillen.

■ **Austern** werden wie Jakobsmuscheln vorbereitet und gegrillt, allerdings benötigen Sie nur 1–2 Minuten ab dem Zeitpunkt, da ihr Saft kocht. (Zubereitungshinweise s. Seite 36)

■ **Tintenfische** gehören zwar nicht zu den Krustentieren, werden aber wie diese zu den Meeresfrüchten gerechnet. Das gesäuberte Fleisch wird leicht eingeschnitten und auf dem Spieß gegrillt, damit es sich nicht einrollt. Direkt über großer Hitze 2–3 Minuten grillen, dann ist das Fleisch gerade zart. Andernfalls wird er zäh.

Bild links: Frische Garnelen in Salzkruste (Rezept s. Seite 55)

Fisch und Schaltieren zubereiten

Bei der Zubereitung müssen Sie drei Arten von Fisch unterscheiden: Fischfilets, ganzen Fisch und Schaltiere. Generell sollten Fischfilets, Fischspieße und Schaltiere über direkter Hitze gegrillt werden, größere ganze Fische dagegen über indirekter Hitze, gemäß den angegebenen Zeiten.

Die meisten Fischarten eignen sich zum Grillen. Um den typischen Grillgeschmack zu erzeugen, sind einige Methoden empfehlenswerter als andere. Fischarten wie Kabeljau oder Schellfisch sowie große Filets, z.B. eine Lachshälfte, lassen sich aufgrund ihrer Konsistenz nicht wenden. Am besten grillen Sie alle Fischarten, die nach dem Garen leicht zerfallen, immer in Alufolie oder speziellen Grillschalen. Legen Sie den Fisch auf ein ausreichend großes Stück Folie, schlagen Sie die Enden hoch, und falten Sie sie zusammen, sodass eine Schale entsteht. Bei dieser Grillmethode ist das Wenden des Fischs nicht möglich.

Fisch mit fester Konsistenz, wie Seeteufel oder Tunfisch, sowie Fisch, der von Haut und Gräten zusammengehalten wird, zerfällt nicht. Daher werden solche Fische meist im Ganzen gegrillt. Bepinseln Sie die Stäbe des Grillrosts und den Fisch vorher mit Öl, damit die Haut nicht am Rost kleben bleibt, und wenden Sie den Fisch vorsichtig.

Fische und Filets bis zu einer Dicke von 2,5 cm benötigen 4–5 Minuten bis sie gar sind. Dickere Stücke bis zu 5 cm 8–10 Minuten.

Um Fische oder große Fischstücke wie z.B. Lachs zu grillen, deren Fleisch leicht zerfällt, ist es empfehlenswert, aus reißfester Alufolie eine kleine Grillschale zu formen oder fertige Schalen zu verwenden.

Die besten Fische und Meeresfrüchte zum Grillen
Fischfilet
Lachs ■ Seebarsch ■ Seeteufel (am besten gewürfelt und auf Spieße gesteckt) ■ Heilbutt ■ Steinbutt.

Fischsteaks
Lachs ■ Tunfisch ■ Schwertfisch

Ganze Fische
Makrele ■ Seebarbe ■ Meeräsche ■ Brasse ■ Seebarsch ■ Forelle ■ Lachsforelle ■ Seezunge ■ Sardinen ■ Hering.

Schaltiere
Hummer ■ Krebs ■ Riesengarnelen ■ Langusten ■ Jakobsmuscheln ■ Miesmuscheln ■ Venusmuscheln ■ Tintenfisch.

Grillzeiten von Fisch & Schaltieren

Ob ein Fischfilet gut durch gegart ist, erkennen Sie daran, dass das Fleisch innen kräftig weiß und nicht mehr durchscheinend ist. Um dies zu prüfen, nehmen Sie das Filet vom Rost und schneiden Sie es an der dicksten Stelle auf. Sobald Sie etwas mehr Erfahrung haben, werden Sie auf Anhieb erkennen, ob der Fisch fertig ist oder noch eine Weile garen muss: Das Fleisch ist fest, gibt jedoch beim Anschneiden leicht nach. Schaltiere sind bereits nach wenigen Minuten gar. Wenn möglich, grillen Sie sie in der Schale, damit das Fleisch nicht austrocknet.

Fischsorte & Schaltiere	Gewicht	Grilldauer
Fischfilets	ca. 1 cm dick	6–8 Minuten
	ca. 2 cm dick	8–10 Minuten
Fischfilet oder Steak	ca. 2,5 cm dick	10–12 Minuten
Fischwürfel (Spieße)	ca. 2,5 cm groß	8–10 Minuten
Ganzer Fisch und großes Filet	ca. 2,5 cm dick	10 Minuten
	ca. 4 cm dick	10–15 Minuten
	5–6 cm dick	15–20 Minuten
	ca. 7,5 cm dick, bis 900 g	20–30 Minuten
	ca. 7,5 cm dick, 1–2 kg	30–45 Minuten
Ganze Königskrabbe/Taschenkrebs	ca. 1,2 kg	10–12 Minuten
Ganzer Hummer	ca. 900 g	18–20 Minuten
Hummerschwanz	ca. 230–280 g	8–12 Minuten
Garnelen und Kaisergranat mit Schale	mittelgroß	4–5 Minuten
	groß	5–6 Minuten
	sehr groß	6–8 Minuten
Garnelen und Kaisergranat ohne Schale benötigen etwa 1–2 Minuten weniger als oben angegeben.		
Jakobsmuscheln	2,5–5 cm Durchmesser	4–6 Minuten
Venusmuscheln	mittelgroß	5–8 Minuten
Austern	klein	3–6 Minuten
Miesmuscheln	mittelgroß	4–5 Minuten

Lachs mit Nudeln
auf thailändische Art

Gas	direkt / mittlere Hitze	✳ ✳ ✳
Grillkohle	direkt	
Zubereitungszeit	40 Min. + 30 Min. Marinierzeit	Für
plus Grillzeit	6 – 8 Min.	4 Personen

Für den Lachs
4 Lachsfilets oder Lachssteaks, je ca. 225 g
1 Stängel Zitronengras
2 rote Chilischoten
1 gehackte Knoblauchzehe
Saft von 1 Limette
2 EL thailändische Fischsauce (Asienladen)
4 EL Sonnenblumenöl

Für die Nudeln
225 g flache thailändische Weizennudeln (Asienladen)
Salz
2 EL Erdnussöl
2 EL Sonnenblumenöl
1 gehackte Knoblauchzehe
1 gehackte Schalotte
1 rote Chilischote
2 EL thailändische Fischsauce
Saft von 1 Limette
1 TL Zucker
1 Bund Frühlingszwiebeln
50 g Bohnensprossen
50 g geröstete, gehackte Erdnüsse
2 EL frisches, gehacktes Koriandergrün

1. Die Lachsstücke waschen, mit Küchenpapier trocken tupfen. Das Zitronengras fein hacken. Die Chilischoten waschen, Kerne entfernen und in feine Ringe schneiden. Alle Zutaten mischen. Den Fisch darin an einem kühlen Ort 30 Minuten marinieren.

2. Währenddessen die Nudeln nach Packungsanweisung in gesalzenem Wasser kochen. In einem Wok das Erdnuss- und Sonnenblumenöl erhitzen, den Knoblauch und die Schalotten darin in 1 – 2 Minuten goldgelb braten. Die Chilischote waschen, Kerne entfernen und in feine Ringe schneiden. Chili, Fischsauce, Limettensaft und Zucker in das heiße Fett geben, ganz kurz aufkochen lassen und vom Herd nehmen. Die Nudeln, die Hälfte der Frühlingszwiebeln, Bohnensprossen und Erdnüsse unterrühren.

3. Überschüssige Marinade von den Lachsfilets abtropfen lassen. Die Fischfilets bei mittlerer Hitze von jeder Seite 3 – 4 Minuten grillen, bis sie zart sind. Die Nudeln mit Koriander und den restlichen Frühlingszwiebeln bestreuen, zu den Lachssteaks servieren.

Bereiten Sie alle Zutaten so weit vor, dass sie direkt unter die gegarten Nudeln gemischt werden können. So behalten diese »Biss«.

Unser Küchen-Tipp

Sollte kein Zitronengras erhältlich sein, benutzen Sie stattdessen abgeriebene Zitronenschale – dadurch erhalten Sie einen vergleichbaren Geschmack.
Sie können auch die thailändischen Nudeln durch Reis ersetzen, um dem Gericht eine andere Note zu geben.

Ganzer Fisch
mit roter Gewürzbutter

Gas	direkt/mittlere Hitze	✳ ✳ ✳	
Grillkohle	direkt		
Zubereitungszeit	45 Min.		Für
plus Grillzeit	15 Min.		4 Personen

1 unbehandelte Zitrone
½ rote Chilischote
175 g weiche Butter
2 EL frisches, gehacktes Koriandergrün
3 gehackte Knoblauchzehen
1½ TL Kreuzkümmel
1½ TL Paprikapulver
1 Msp. gemahlener Safran
Salz, schwarzer Pfeffer aus der Mühle
4 ganze Fische, je ca. 400 g
4 Frühlingszwiebeln

1. Für die Gewürzbutter die Zitrone heiß waschen und die Schale abreiben. Die Chilischote entkernen und fein hacken. Die weiche Butter mit Chili, Zitronenschale, Koriander, Knoblauch, Kreuzkümmel, Paprikapulver, Safran, Salz und Pfeffer mit einer Gabel verschlagen, bis sich alle Zutaten gut verbunden haben.

2. Die Fische unter kaltem Wasser waschen und mit einem stumpfen Messer vom Kopf bis zur Schwanzflosse schuppen. Die Flossen abschneiden und mit einem scharfen Messer das Fleisch auf beiden Seiten des Fischs drei- oder viermal tief einschneiden.

3. Jeden Fisch einzeln in die Mitte eines großen Stücks Alufolie legen und mit der Gewürzbutter bestreichen, dabei besonders auch die Einschnitte füllen.

4. Die Zitrone achteln und je zwei Schnitze auf jeden Fisch legen. Die Frühlingszwiebeln putzen, in feine Röllchen schneiden und den Fisch damit bestreuen. Die Folie zu einem Paket verschließen.

5. Die 4 Päckchen auf den Grillrost legen und bei mittlerer Hitze 12–15 Minuten garen, bis der Fisch zart ist. Noch verschlossen mit Zitronenschnitzen auf Tellern anrichten, sodass jedem Gast beim Öffnen des Päckchens der wundervolle Duft in die Nase steigt.

Australische Spieße
mit Garnelen und Muscheln

Gas	indirekt/mittlere Hitze	✳ ✳	
Grillkohle	indirekt		
Zubereitungszeit	30 Min.		Für
plus Grillzeit	6–8 Min.		4 Personen

175 g Mango-Chutney (Fertigprodukt)
120 ml Orangensaft
115 g süß-saure Barbecue-Sauce
8 kleine Zwiebeln oder Schalotten
12 rohe Riesengarnelen, geschält
8 Würfel frische Ananas
12 große, ausgelöste Jakobsmuscheln
8 Cocktailtomaten
Salz, Pfeffer

Außerdem
4 Bambusspieße

1. Die Bambusspieße 30 Minuten in kaltem Wasser einweichen. Das Mango-Chutney mit dem Orangensaft und der Barbecue-Sauce im Mixer zu einer glatten Masse vermischen. Die Zwiebeln oder Schalotten knapp mit Wasser bedeckt zum Kochen bringen, etwa 1 Minute köcheln lassen, abgießen und unter kaltem Wasser abschrecken.

2. Die Rücken der Garnelen leicht einschneiden und den dunklen Darm entfernen. Die Schalotten schälen, abwechselnd mit Ananasstücken, Garnelen, Jakobsmuscheln, Tomaten und Schalotten auf die Spieße stecken, salzen, pfeffern und mit der Sauce bestreichen. Auf der Mitte des Grillrostes bei mittlerer Hitze 6–8 Minuten grillen, bis Garnelen und Muscheln zart sind. Während der Grillzeit mehrmals mit der Sauce bestreichen und einmal wenden. Mit der restlichen Sauce servieren.

Unser Küchen-Tipp

Für dieses Rezept eignen sich kleinere Fische, die im Ganzen etwa 350–450 g wiegen, z. B. Red Snapper, Seebarsch, Seebrasse, Forelle, Seezunge oder Scholle. Sehr fetthaltige Fische wie Makrele oder Hering sind nicht geeignet.
Das Schuppen und Abschneiden der Flossen bei den ausgenommenen und gewaschenen Fischen erleichtert das Essen. Tiefe Einschnitte lassen das Aroma der gewürzten Butter besser in das Fleisch eindringen.

Bild rechts: Australische Spieße

Gegrillte Sardinen
mit Chili-Zitronen-Dressing

Gas	direkt/mittlere Hitze	☀
Grillkohle	direkt	
Zubereitungszeit	30 Min.	Für 4
plus Grillzeit	4–10 Min.	Personen

4 EL Olivenöl
5 Schalotten
125 ml Weißweinessig
1–2 El frische, gehackte Minze
4 gehackte Knoblauchzehen
abgeriebene Schale und Saft von 1 unbehandelten Zitrone
½ TL Chilipulver
Salz, schwarzer Pfeffer aus der Mühle
700 g küchenfertige Sardinen
Öl zum Bestreichen

1. 1 EL Olivenöl erhitzen. Die Schalotten in feine Ringe schneiden und im heißen Fett 3 4 Minuten weich dünsten. Den Essig zugießen, zum Kochen bringen, die Hitze reduzieren und die Flüssigkeit auf die Hälfte einkochen lassen.

2. Das restliche Olivenöl, Minze, Knoblauch, Zitronenschale, Zitronensaft, Chili, Salz und Pfeffer zugeben und nochmals 1 Minute kochen, dann von der Herdplatte nehmen.

3. Die Flossen der Sardinen abschneiden. Die Fische unter kaltem Wasser gut abwaschen und mit Küchenpapier trocken tupfen. Den Grillrost mit etwas Öl bestreichen, die Sardinen salzen und pfeffern und bei mittlerer Hitze 4–10 Minuten grillen, bis sie zart sind, dabei einmal wenden. Auf einer Platte anrichten und mit dem abgekühlten Dressing beträufeln.

Unser Küchen-Tipp

Sardinen können sehr unterschiedlich groß sein, sodass mit verschiedenen Grillzeiten zu rechnen ist. Lassen Sie Fische mit einer Größe von 5–10 cm etwa 4–6 Minuten auf dem Grill, bis zu 20 cm große Sardinen jedoch 6–10 Minuten. Wenden Sie die Fische jeweils nach der Hälfte der Grillzeit.

Garnelen in Salzkruste
mit Zitronen-Oregano-Sauce

Gas	direkt/mittlere Hitze	☀
Grillkohle	direkt	
Zubereitungszeit	30 Min.	Für
plus Grillzeit	6–8 Min.	4 Personen

Für die Zitronen-Oregano-Sauce
120 ml Olivenöl
Saft von 1 Zitrone
2 gehackte Knoblauchzehen
1 TL getrockneter Oregano
2 EL frische, gehackte Petersilie

Für die Garnelen
500 g rohe Riesengarnelen ohne Kopf
3 EL Olivenöl
65 g Meersalz

1. Für die Sauce das Olivenöl mit dem Zitronensaft und 50 ml kochendem Wasser verrühren. Knoblauch, Oregano und Petersilie unterrühren und 20 Minuten ziehen lassen, damit sich die Aromen gut verbinden.

2. Währenddessen mit einem kleinen scharfen Messer die Rücken der Garnelen leicht einschneiden und den dunklen Darm entfernen, die Schalen jedoch am Körper belassen.

3. Die Garnelen in eine Schüssel geben und mit dem Olivenöl bedecken. Das Salz zugeben und alles gut vermischen. Jede Garnele sollte in einen Salzmantel gehüllt sein.

4. Die Garnelen bei mittlerer Hitze in 6–8 Minuten zart grillen, dabei einmal wenden. Noch warm mit der Zitronen-Oregano-Sauce servieren.

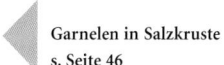

Garnelen in Salzkruste
s. Seite 46

Bild links: Gegrillte Sardinen

Lachs
mit Basilikum-Minze-Creme

Gas	direkt/mittlere Hitze	✳ ✳
Grillkohle	direkt	
Zubereitungszeit	40 Min.	Für
plus Grillzeit	8 Min.	4 Personen

25 g frische Basilikumblätter
25 g frische Minze
200 ml Olivenöl
1 Eigelb
1 TL Dijonsenf
Salz, schwarzer Pfeffer aus der Mühle
abgeriebene Schale und Saft von 1 unbehandelten Zitrone
2 EL Crème fraîche
4 Lachsfilets mit Haut, je ca. 225 g
Öl zum Bestreichen

1. Wasser in einem Topf zum Kochen bringen. Basilikum und Minze darin 10 Sekunden blanchieren. Herausheben und auf Küchenpapier abtropfen lassen. Die Blätter von den Stängeln streifen und mit dem Olivenöl im Mixer pürieren. 15 Minuten durchziehen lassen.

2. Das Eigelb mit dem Senf, reichlich Salz und Pfeffer in einer Schüssel zu einer glatten Creme verschlagen. Nach und nach in einem dünnen Strahl das Basilikum-Minze-Öl unterschlagen, bis die Mischung dick und glatt ist. Zuerst Zitronenschale und Zitronensaft, dann die Crème fraîche unterrühren. Kalt stellen.

3. Die Lachsfilets kalt abwaschen, mit Küchenpapier trocken tupfen, mit Öl bestreichen und mit der Hautseite nach unten 4 Minuten bei mittlerer Hitze grillen. Nochmals mit Öl bestreichen, wenden und weitere 4 Minuten grillen.
Heiß mit der Basilikum-Minze-Creme servieren.

Teriyaki-Fischsteaks
mit grün-schwarzem Reis

Gas	direkt/mittlere Hitze	✳ ✳ ✳
Grillkohle	direkt	
Zubereitungszeit	45 Min.	Für
plus Grillzeit	6 Min.	4 Personen

Für die Fischsteaks
3 EL Sake (japanischer Reiswein)
3 EL trockener Sherry
3 EL dunkle Sojasauce
1½ EL Zucker
4 Fischsteaks, je 175 – 200 g

Für den grün-schwarzen Reis
Salz
350 g Langkorn-Wildreis-Mischung
ca. 2,5 cm frischer Ingwer
225 g Zuckererbsen
1 Bund Frühlingszwiebeln

1. Sake mit Sherry, Sojasauce und Zucker erhitzen, bis sich der Zucker vollständig aufgelöst hat. Kurz aufkochen lassen, von der Kochstelle nehmen und abkühlen lassen.

2. Die Fischsteaks waschen, mit Küchenpapier gründlich trocken tupfen und in der erkalteten Teriyaki-Sauce 30 Minuten an einem kühlen Ort (nicht im Kühlschrank) marinieren, zwischendurch einmal wenden.

3. Währenddessen die Reismischung gemäß Packungsanweisung kochen, den Ingwer mitkochen. Die Zuckererbsenschoten längs in 3 oder 4 Streifen schneiden, in Salzwasser 2 Minuten blanchieren und unter kaltem Wasser abschrecken. Die Frühlingszwiebeln in feine Ringe schneiden. Den Reis abgießen, den Ingwer herausnehmen, Zuckererbsen und Frühlingszwiebeln unter den Reis rühren.

4. Die Fischsteaks aus der Marinade nehmen. Bei mittlerer Hitze 5 – 6 Minuten grillen, mehrmals mit der restlichen Marinade bestreichen und einmal wenden. Mit dem Reis servieren.

Unser Küchen-Tipp

Für dieses Rezept können Sie alle festfleischigen Fischsorten verwenden, die sich in Steaks schneiden lassen, z. B. Tunfisch, Schwertfisch, Lachs, Steinbutt oder Heilbutt. Auch Seeteufel schmeckt wunderbar mit Teriyaki-Sauce, er gelingt am besten, wenn er in mundgerechte Würfel geschnitten und auf dem Spieß gegrillt wird.

Bild links: Lachs mit Basilikum-Minze-Creme
Bild rechts: Teriyaki-Fischsteaks

Bild rechts: Die Basilikum-
Minze-Creme verleiht dem
gegrillten Lachs eine
mediterrane Note.

Bild links: Die Fischsteaks werden
schön saftig, wenn sie während des
Grillens mehrmals mit Marinade
betrichen werden.

Schneiden Sie die Makrele ganz vorsichtig ein, um sie mit Dill zu spicken. Wenn Sie die Schnitte zu tief machen, zerfällt der Fisch während des Grillens

Makrele
mit scharfem Dill-Kapern-Tomatendressing

Gas	direkt/mittlere Hitze	✳ ✳ ✳
Grillkohle	direkt	
Zubereitungszeit	50 Min.	Für
plus Grillzeit	12 Min.	4 Personen

4 küchenfertige Makrelen
1 Bund frischer Dill
2 EL Olivenöl
1 gehackte Zwiebel
1 gehackte Knoblauchzehe
200 g Tomatenstücke (aus der Dose)
4 EL Rotweinessig
1 TL Zucker
120 ml Olivenöl
2 EL Schnittlauchröllchen
Salz, schwarzer Pfeffer aus der Mühle
Öl zum Bestreichen
2 EL Kapern

1. Die Makrelen mit kaltem Wasser abwaschen, mit Küchenpapier trocken tupfen und die Flossen abschneiden. Den Fisch auf beiden Seiten drei- oder viermal tief bis zu den Gräten einschneiden. Die so entstandenen Öffnungen mit je 1 kleinen Stängel Dill füllen, beiseite stellen. Den restlichen Dill fein hacken.

2. Für das Dressing das Olivenöl erhitzen und die Zwiebeln mit dem Knoblauch darin 2–3 Minuten glasig dünsten. Die Tomatenstücke zugeben und auf kleiner Flamme 10–15 Minuten köcheln lassen. In der Zwischenzeit in einem zweiten Topf 2 EL Essig und den Zucker sprudelnd kochen, bis die Menge auf ca. 2 EL reduziert ist. Den Zuckeressig unter die Tomaten rühren.

3. Die Mischung durch ein Sieb in einen Topf streichen und weitere 1–2 Minuten kochen, bis das Dressing eingedickt ist. Von der Kochstelle nehmen und abkühlen lassen.

4. Den restlichen Essig mit dem Olivenöl, dem gehackten Dill, Schnittlauch, Salz und Pfeffer zu einer Vinaigrette verrühren.

5. Die Makrelen mit wenig Öl bestreichen, auf den Grillrost legen und bei mittlerer Hitze 10–12 Minuten grillen, bis das Fleisch zart ist.

6. Die Tomatenmischung unter die Kräuter-Vinaigrette rühren, die Kapern zugeben und mit den heißen gegrillten Makrelen servieren.

Unser Küchen-Tipp

Das Dill-Kapern-Tomaten-Dressing basiert auf einem traditionellen dänischen Rezept. Die Zutaten verbinden sich nicht richtig miteinander, dadurch entsteht ein nett anzusehender Sprenkel-Effekt.

Muscheln
mit Pernod-Fenchel-Butter

Gas	indirekt/mittlere Hitze	☀ ☀
Grillkohle	indirekt	
Zubereitungszeit	30 Min.	Für
plus Grillzeit	10–12 Min.	4 Personen

1,8 kg Miesmuscheln
150 g weiche Butter
2 EL Pernod
1 EL frischer, gehackter Fenchel
1 EL Schnittlauchröllchen
2 gehackte Knoblauchzehen
Fenchelgrün zum Garnieren

Außerdem
Alufolie

1. Die Muscheln unter fließend kaltem Wasser waschen, abbürsten und die Bärte abzupfen. Alle geöffneten Muscheln aussortieren und wegwerfen.

2. Die Butter mit Pernod, Fenchel, Schnittlauch und Knoblauch gut verrühren.

3. 2 große Stücke Alufolie übereinander legen, ein Viertel der Muscheln in die Mitte legen und ein Viertel der Buttermischung in Flöckchen darauf verteilen. Die Ränder der Folie nach oben biegen, und die Enden leicht zusammendrücken, sodass die Folie ein lockeres Päckchen bildet. Die restlichen Muscheln auf dieselbe Weise vorbereiten.

4. Die vier Päckchen bei mittlerer Hitze 10–12 Minuten grillen, bis sich die Muscheln geöffnet haben. Alle noch verschlossenen Muscheln wegwerfen. Mit Fenchelgrün garniert servieren.

Fischfrikadellen
mit Chili und Zuckermais

Gas	direkt/mittlere Hitze	☀ ☀
Grillkohle	direkt	
Zubereitungszeit	40 Min. + 1 Std. Kühlzeit	Für
plus Grillzeit	7–8 Min.	6 Personen

Für die Fischfrikadellen
200 g festfleischiger, weißer Fisch, z. B. Seehecht oder Schellfisch
250 g Krabbenfleisch, frisch oder aus der Dose
100 g Zuckermais (aus der Dose)
1 kleine rote Chilischote
2 Frühlingszwiebeln
1 Ei
2 EL frisches, gehacktes Koriandergrün
1 EL thailändische Fischsauce (Asienladen)
Salz, schwarzer Pfeffer aus der Mühle
Öl zum Bestreichen

Für den Dip
6 EL Reisweinessig
1 TL feiner Zucker
1 Chilischote

1. Sorgfältig die Gräten und Haut vom Fisch entfernen. Das Fleisch und die Krabben mit einem großen Kochmesser sehr fein hacken.

2. Maiskörner abtropfen lassen, die Chilischote putzen, entkernen und fein hacken. Die Frühlingszwiebeln ebenfalls putzen und in feine Ringe schneiden. Das Ei verquirlen. Mais, Frühlingszwiebeln, Chili, Koriander, Fischsauce und Ei verrühren, mit Salz und Pfeffer würzen. Mit der Fisch-Krabben-Mischung gründlich vermischen.

3. Aus der Fischmasse 12 kleine Frikadellen von ca. 2 cm Dicke formen. Auf ein Blech legen und mindestens 1 Stunde kalt stellen.

4. Währenddessen für den Dip den Reisweinessig mit dem Zucker verrühren. Die Chilischote waschen, entkernen und in feine Ringe schneiden. Mit dem Reisweinessig verrühren und beiseite stellen.

5. Die Fischfrikadellen dünn mit Öl bestreichen und bei mittlerer Hitze 7–8 Minuten grillen, bis sie goldbraun sind, dabei einmal wenden. Warm mit dem Dip servieren.

Bild rechts: Fischfrikadellen

Geflügel

Zartes, saftiges Fleisch und die knusprige Haut machen ein Hähnchen vom Grill bereits zu einer Delikatesse. Dennoch bietet es sich geradezu an, das Aroma noch zu verfeinern: Mit exotischen Gewürzen aus Südamerika oder Indien, oder auf asiatische Art süß-sauer. Auch einheimische Kräuter und die zarte Säure von Zitronen und Limetten harmonieren mit dem hellen Fleisch.

Ein ganzer gegrillter Puter, gefüllt mit herrlich fruchtigem Chutney, lässt jeden Gast seine Diätpläne vergessen. Das saftige Fleisch, aromatisiert mit einer feinen Orangen- und Thymiannote, ist ein idealer Festtagsbraten. Wer weiß, vielleicht holen Sie ja am nächsten Weihnachtsfest den Grill aus dem Schuppen, um Ihre Weihnachtspute oder die Gans darauf zu braten.

Die perfekte Zubereitung von Geflügel

Einkauf und Vorbereitung

Das Angebot an Geflügel ist groß: Es gibt abgepackte Portionen oder ganze küchenfertige Hähnchen aus Freilandhaltung, mit Mais gefütterte Hähnchen sowie Bio-Geflügel. Berücksichtigen Sie beim Kauf die Art der Zubereitung. Möchten Sie das Fleisch in einer kräftig-würzigen Marinade einlegen, können Sie auch ein günstigeres Hähnchen, Hähnchenschenkel oder Brustfilets kaufen. Wird es nicht oder nur wenig stark gewürzt, ist Geflügel von erstklassiger Qualität empfehlenswerter.

Hähnchen sollte immer mit Haut gegrillt werden. Andernfalls trocknet es aus, wenn es nicht mit besonders viel Öl bzw. Marinade bestrichen wird. Waschen Sie Geflügel vor der weiteren Zubereitung immer unter kaltem Wasser ab und tupfen Sie es mit Küchenpapier trocken.

Geflügel würzen

Unzählige Gewürze harmonieren mit Geflügel so gut, dass man dem Fleisch immer wieder eine neue Geschmacksnote verleihen kann.

Besonders beliebt ist das Marinieren von Geflügel: Die Fleischteile werden etwa 30 Minuten in eine Marinade auf Öl- oder Joghurtbasis eingelegt. Auch Gewürzmischungen eignen sich sehr gut, um das Fleisch zu aromatisieren. Werden Brust und Keulen zuvor mit Schnitten versehen, entfaltet sich das Aroma besonders gut.

Butter ist normalerweise zum Grillen ungeeignet, da sie leicht brennt. Beim Grillen von ganzem Geflügel allerdings hält sie das Fleisch schön saftig, wenn die mit Kräutern oder anderen Aromen veredelte Butter unter der Brusthaut verteilt wird. So schützt sie das zarte Brustfleisch vor dem Austrocknen und verleiht gleichzeitig dem ganzen Vogel eine besondere Note. Auch Füllungen mit Zitrusfrüchten, Kräutern oder ganzen Zwiebeln und Knoblauch sorgen für ein unvergleichliches Fleischaroma.

Gewürze und Aromen für Hähnchen oder Truthahn

Estragon ■ Basilikum ■ Minze ■ Zitronenöl ■ Thymian ■ Rosmarin ■ Petersilie ■ Joghurt ■ Paprikapulver ■ Zitronengras ■ Lorbeerblatt ■ Orange ■ Zitrone ■ Limette ■ Knoblauch ■ Ingwer ■ Chili ■ Sojasauce ■ Sesamöl ■ Safran ■ Cidre ■ Sherry

Teilstücke mit Knochen: Hähnchenflügel, Hähnchenschenkel und Hähnchenbrust

Hähnchenschenkel und Hähnchenbrust bedürfen keiner speziellen Vorbereitung. Bevor Sie die Flügel grillen, schneiden Sie die schmalen Geflügelspitzen ab. Legen Sie die Hähnchenflügel mit der Knochenseite nach unten in die Mitte des Grillrosts und garen Sie sie indirekt über mittlerer Hitze. Die empfohlenen Grillzeiten finden Sie in der Übersicht auf Seite 66. Testen Sie aber vor dem Servieren in jedem Fall, ob das Fleisch wirklich durch gegart ist.

Hähnchen- und Putenfleisch ohne Knochen

Ein Schnitzel von Hähnchen- oder Putenbrust ohne Haut und Knochen (ca. 150–175 g), eignet sich hervorragend für die Zubereitung von Sandwiches. Klopfen Sie es vor dem Grillen flacher. Dazu legen Sie es zwischen Wachspapier oder Frischhaltefolie und klopfen es mit einem Nudelholz ca. 1 cm flach. Anschließend indirekt über mittlerer Hitze grillen.

Vorbereitung eines ganzen Hähnchens oder einer Pute

Drehen Sie die Flügelspitzen unter den Vogel. Um die Halsöffnung zu verschließen, die Halshaut über den Nacken und das Rückgrat ziehen und mit einer Rouladennadel feststecken. Zuletzt die Keulen mit Küchengarn zusammenbinden.

Grillen eines ganzen Hähnchens oder Stubenkükens

Schneiden Sie mit einer Geflügelschere oder einer kräftigen Küchenschere an beiden Seiten des Rückgrats entlang und entfernen Sie dieses. Den Vogel auseinander klappen und mit dem Handballen flach drücken. Fahren Sie mit einem Metallspieß diagonal durch das Hähnchen, sodass der Spieß vom Keulengelenk bis zum Flügelgelenk der gegenüberliegenden Seite verläuft. Dasselbe auf der anderen Seite wiederholen, sodass sich die beiden Spieße in der Mitte kreuzen.

Ganzes Geflügel zerlegen

Ein Hähnchen eigenhändig zu zerteilen bringt Vorteile mit sich: Es ist viel günstiger als Einzelteile zu kaufen, und obendrein können Sie aus der Karkasse einen wunderbaren Fond kochen.

Und so geht es:
Das Huhn mit der Brust nach oben auf eine Arbeitsfläche legen und mit einem scharfen Messer zunächst Haut und Fleisch zwischen Oberkeule und Rumpf bis zum Gelenk einschneiden. Die Keule nach außen drücken, das Gelenk durchtrennen und die ganze Keule lösen. Mit der zweiten Keule nach der gleichen

Methode verfahren. Nun mit einer Geflügelschere oder einer kräftigen Küchenschere das Brustbein längs zwischen den Brustfilets durchtrennen und jede Brusthälfte mitsamt dem Flügel abschneiden. Die Flügelspitzen abschneiden.

Die Bruststücke und die Keulen jeweils quer halbieren. Insgesamt haben Sie nun 8 Hühnerteile – je 2 Unterkeulen, Oberkeulen, Bruststücke mit und ohne Flügel.

Geflügelspieße

Hähnchen und Putenfleisch werden gern und oft für Grillspieße verwendet. Sie sind fettarm und garen schnell. Schneiden Sie das Fleisch in mundgerechte Würfel (etwa 2,5 cm) oder in Streifen, die Sie auf die Spieße fädeln wie bei den Saté-Spießchen (s. Abb. S. 32).

Vorbereitung einer Ente oder Gans

Bevor Sie eine ganze Ente oder Gans grillen, stechen Sie die Haut rundherum ein, damit das Fett austreten kann. Wiederholen Sie das Einstechen auch während des Grillvorgangs mehrmals, um ein Auflodern der Flammen zu vermeiden.

Gut zu wissen!

■ *Bewahren Sie sowohl rohes als auch gekochtes Geflügel bis zur Verwendung im Kühlschrank auf. Achten Sie darauf, dass das rohe Fleisch nicht in Kontakt mit anderen Lebensmitteln kommt.*

■ *Tiefgefrorenes Geflügel immer im Kühlschrank auftauen.*

■ *Waschen Sie nach der Zubereitung des rohen Geflügels gründlich Ihre Hände, Messer, Schere, Schneidbrett und Arbeitsfläche.*

■ *Benutzen Sie nie dieselben Schneidbretter, Messer oder Teller für rohes und gekochtes Geflügel.*

■ *Braten Sie Geflügel immer gut durch. Um dies zu überprüfen, stechen Sie mit einem spitzen Messer in den dicksten Fleischteil. Ist der austretende Saft klar und ohne Blut, ist es gar. Benutzen Sie zudem ein Bratenthermometer, um die Fleischtemperatur zu prüfen.*

Grillzeiten von Hähnchenteilen und ganzen Hähnchen mit Knochen

Grillen Sie Hähnchenteile immer mit der Knochenseite nach unten, bis das Fleisch in der Mitte nicht mehr rosa ist. Ganze Hähnchen werden mit der Brust nach oben gegart. Auf diese Weise kann der Saft ins Fleisch eindringen. Um das Fleisch fettarm zu genießen, entfernen Sie die Haut vor dem Servieren. Wenn Sie auf eine kross gegrillte Haut nicht verzichten möchten, braten Sie das Geflügel mit der Hautseite nach unten 2 Minuten scharf an, wenden Sie es dann, um es fertig zu garen. Für Entenbrust gelten diese Zubereitungsempfehlungen nicht. Entenbrust sollte grundsätzlich mit der Hautseite nach unten gegrillt werden, damit das überschüssige Fett abtropfen kann.

Geflügel	Gewicht	Grilldauer	Fleischtemperatur
Ganzes Hähnchen	ca. 1,2 kg	1–1 ½ Stunde	82°
Halbes Hähnchen	680–800 g	1–1 ¼ Stunde	82°
Hähnchenbrust (mit Knochen)	ca. 230 g	30–35 Minuten	82°
Hähnchenbrust (ohne Knochen)	120–180 g	10–12 Minuten	77°
Hähnchenkeule	120–180 g	30–45 Minuten	82°
Hähnchenflügel	ca. 75 g	30 Minuten	82°
Stubenküken	350–450 g	45–60 Minuten	82°
Ganze Pute	5,5–7 kg	2 ½ –3 Stunden	82°
(generelle Richtlinie: 11–13 Min. pro 500 g)	7–12 kg	3–4 Stunden	82°
Putenbrust	ca. 1,5 kg	1–1 ½ Stunden	82°
Putenkeule	450–680 g	55–65 Minuten	82°
Ganze Ente	ca. 1,7 kg	1 ½ –2 Stunden	82°
Entenbrustfilets	ca. 220 g	10–15 Minuten	77°
Ganzer Fasan	900 g–1,2 kg	40–45 Minuten	82°
Ganze Gans	5–7 kg	3 Stunden	82°

Grillen Sie eine ganze Pute immer bei indirekter Hitze. Nur dann bleibt das Fleisch saftig und bräunt mit einem sanften Braunton.

Grillzeiten von Hähnchen- und Putenstücken ohne Knochen

Hähnchenstücke und Pute werden generell nach der indirekten Methode in der Mitte des Rostes gegrillt. Stellen Sie die Hitze beim Gasgrill auf die mittlere Stufe. Geflügel sollte grundsätzlich gut durch gegrillt werden. Alle Zeiten sind so berechnet, dass das Fleisch medium bis gut durch gebraten ist.

Hähnchen- und Putenfleisch	Gewicht	Grilldauer	Fleischtemperatur
Hähnchenbrustfilet	120–150 g	10–12 Minuten	77°
Hähnchenfleischwürfel (Spieße)	à ca. 2,5 cm	10–12 Minuten	77°
Hühnerfrikadellen	2 cm dick	10–12 Minuten	77°
Putenbrustschnitzel	0,5–1 cm dick	5–8 Minuten	77°
Putenbrustwürfel (Spieße)	à ca. 2,5 cm groß	12–15 Minuten	77°
Putenbrust (ohne Knochen)	ca. 1,7 kg	1 Stunde	77°

Frischer Ingwer verleiht dem Gericht einen frischen, würzigen und scharfen Geschmack, der durch Ingwerpulver nicht zu erzielen wäre.

Tandoori-Hähnchen

Gas	indirekt / mittlere Hitze	☀
Grillkohle	indirekt	
Zubereitungszeit	15 Min. + 8 Std. Marinierzeit	Für
plus Grillzeit	40 Min.	6 Personen

500 g Joghurt
½ – 1 EL frischer, geriebener Ingwer
3 gehackte Knoblauchzehen
2 TL Paprikapulver
2 TL Salz
½ TL Zimtpulver
1 TL gemahlener Kreuzkümmel
1 TL getrocknete Koriandersamen
schwarzer Pfeffer aus der Mühle
½ TL gemahlene Nelken
1,5 kg Hähnchenbrustfilets oder -keulen mit Haut
Öl zum Bestreichen
Limettenschnitze zum Servieren

1. Den Joghurt mit Ingwer, Knoblauch, Paprikapulver, Salz, Zimt, Kreuzkümmel, Koriander, Pfeffer und Nelken gut verrühren.

2. Mit einem scharfen Messer die Hähnchenteile mehrmals einschneiden. Das Fleisch mit der Joghurt-Marinade einreiben. Zugedeckt im Kühlschrank mindestens 8 Stunden marinieren.

3. Den Grillrost mit wenig Öl bestreichen. Hähnchenteile aus der Marinade nehmen, abtupfen und 40 Minuten bei mittlerer Hitze grillen, bis das Fleisch ganz zart gegart ist. Mit Pfeffer würzen und heiß mit Limettenschnitzen und warmem Fladenbrot servieren.

Putenschnitzel
mit karamellisierten Zwiebeln

Gas	direkt/mittlere Hitze	✳
Grillkohle	direkt	
Zubereitungszeit	45 Min.	Für
plus Grillzeit	10 Min.	4 Personen

6 EL Olivenöl
3½ EL Dijon-Senf
1 gehackte Knoblauchzehe
Salz, schwarzer Pfeffer aus der Mühle
4 Putenschnitzel (je ca. 150 g)
2 EL Mayonnaise
2 rote Zwiebeln
1 TL Zucker
60 ml trockener Weißwein
1 Ciabatta-Brot
1 Bund Rucola

1. 4 EL Olivenöl mit 1½ EL Senf und dem Knoblauch verrühren, kräftig salzen und pfeffern. Die Putenschnitzel flach klopfen und mit der Ölmischung übergießen. 30 Minuten ziehen lassen. Den restlichen Senf mit der Mayonnaise mischen und kühl stellen.

2. In einem Topf 2 EL Olivenöl erhitzen. Die Zwiebeln schälen und in dünne Scheiben schneiden, mit dem Zucker 15 Minuten im heißen Fett sanft schmoren, bis sie sehr weich und goldbraun gefärbt sind. Den Weißwein zugießen, und die Sauce auf die Hälfte einköcheln lassen. Von der Kochstelle nehmen und abkühlen lassen.

3. Die Putenschnitzel bei mittlerer Hitze 4–5 Minuten grillen. Wenden, mit dem abgetropften Senföl bestreichen und weitere 2–3 Minuten grillen, bis das Fleisch zart ist.

4. Das Ciabatta längs durchschneiden und jede Hälfte nochmals halbieren. Die Ciabatta-Stücke mit der Schnittfläche nach unten 1–2 Minuten auf dem Rost toasten. Jedes Stück mit Senf-Mayonnaise bestreichen, mit einem Schnitzel belegen. Mit ein paar Rucolablättern und den karamellisierten Zwiebelscheiben bedecken, die zweite Ciabatta-Hälfte aufsetzen.

Putenschnitzel mit karamellisierten Zwiebeln.

Sowohl im Geschmack als auch farblich ergänzen die roten Zwiebeln die Putenschnitzel ganz wunderbar.

Unser Küchen-Tipp

Um die Schnitzel flach zu klopfen, legen Sie das Fleisch zwischen 2 Lagen Frischhaltefolie und klopfen Sie es mit einem Nudelholz oder einem Fleischklopfer auf die Dicke von etwa ½ cm.

Truthahn
mit Thymian-Orangen-Aroma

Gas	indirekt/mittlere Hitze	✳ ✳ ✳
Grillkohle	indirekt	
Zubereitungszeit	30 Min.	Für 10–12
plus Grillzeit	2½–3 Std.	Personen

1 TL getrocknete Koriandersamen
250 g weiche Butter
2 große, unbehandelte Orangen
1 Bund Thymian
1 küchenfertiger Truthahn (ca. 4,5–5,5 kg)
3 Lorbeerblätter
2 EL Olivenöl
Salz, schwarzer Pfeffer aus der Mühle

1. In einem Mörser den Koriander zu einem feinen Pulver zerreiben. Dieses in einer Pfanne ohne Öl 1–2 Minuten leicht anrösten, bis es duftet, und abkühlen lassen.

2. Die weiche Butter in eine Schüssel geben und den gerösteten Koriander unterschlagen. Die Orangen heiß waschen, die Schale abreiben und zu der Butter geben. Den Thymian waschen, trocken schütteln, 2 EL der Blättchen fein hacken und unterschlagen.

4. Um die Butter unter der Haut des Truthahns zu verteilen, die Haut mit den Fingern vom Fleisch lösen, ohne sie zu beschädigen oder gar abzuziehen. Hierfür am Hals (Bürzel) beginnen und bis zu den Keulen fortfahren. Die Butter mit einem Löffelchen vorsichtig darunter verteilen, sodass Brust- und Keulenfleisch bedeckt sind.

3. Die Orangen halbieren und zusammen mit den Lorbeerblättern und Thymianzweigen in die Bauchhöhle legen. Die Keulen zusammenbinden und den Puter von allen Seiten mit Olivenöl bestreichen. Kräftig salzen und pfeffern.

4. Den Puter mit der Brustseite nach oben in einen Bräter legen und darin bei mittlerer Hitze 2½–3 Stunden im geschlossenen Kugelgrill garen. Das Fleisch ist gar, wenn der Fleischsaft beim Einstechen an der dicksten Stelle des Puters klar bleibt.

5. Den Pute auf eine Platte legen und vor dem Tranchieren noch 20 Minuten ruhen lassen.

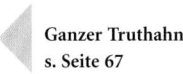
Ganzer Truthahn
s. Seite 67

Hähnchen-Fajita-Spieße
mit Guacamole

Gas	indirekt/mittlere Hitze	✳ ✳
Grillkohle	indirekt	
Zubereitungszeit	55 Min.	Für
plus Grillzeit	12–14 Min.	4 Personen

Für die Hähnchen-Spieße
6 EL Olivenöl
1 fein gehackte Knoblauchzehe
½ TL getrockneter, gemahlener Kreuzkümmel
½ TL getrockneter, gemahlener Koriander
1 TL Chilipulver
Salz, schwarzer Pfeffer aus der Mühle
4 Hähnchenbrustfilets
je 1 rote und grüne Paprikaschote
1 Zwiebel

Für die Guacamole
2 reife, noch feste Avocados
Saft von 1 Zitrone
6 Frühlingszwiebeln
3 Tomaten
1 gehackte Chilischote
3 EL frisches, gehacktes Koriandergrün
Salz

Außerdem
8 Bambusspieße

1. Das Olivenöl, Knoblauch, Kreuzkümmel, Koriander, Chilipulver, Salz und Pfeffer gut vermischen. Das Hähnchenfleisch waschen, trocken tupfen und in mundgerechte Stücke schneiden. In der Marinade 30 Minuten bei Zimmertemperatur durchziehen lassen, dabei mehrmals wenden. 8 Bambusspieße in kaltem Wasser einweichen.

2. Unterdessen die Avocados halbieren, schälen und den Kern entfernen. Das Fruchtfleisch in gleichmäßige Würfel schneiden oder pürieren, mit Zitronensaft beträufeln. Die Frühlingszwiebeln putzen und ebenfalls hacken, die Tomate häuten, entkernen und in Würfel schneiden. Alle Zutaten für die Sauce gut vermischen.

3. Die Paprikaschoten halbieren und das Kerngehäuse entfernen. Jede Hälfte in 8 mundgerechte Stücke schneiden. Die Zwiebel achteln. Abwechselnd je 1 Stück Fleisch, rote und grüne Paprika und Zwiebel auf einen Spieß stecken. Das Gemüse mit der restlichen Marinade bestreichen. Die Spieße bei mittlerer Hitze 12–14 Minuten grillen, bis das Fleisch zart ist.

4. Die Spieße heiß mit der Guacamole servieren.

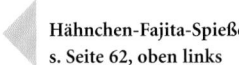
Hähnchen-Fajita-Spieße
s. Seite 62, oben links

Wenn die Poularde rundum gut mit der Koriander-Pfeffer-Marinade bestrichen ist, verteilt sich das Aroma gleichmäßig über das Geflügelfleisch.

Poularde
mit Zitronen-Minze-Aroma

Gas	indirekt/mittlere Hitze	✴ ✴
Grillkohle	indirekt	
Zubereitungszeit	30 Min.	Für
plus Grillzeit	1¼ Std.	4 Personen

1 unbehandelte Zitrone
50 g Zucker
1 Poularde, ca. 1,5 kg
1 Bund Minze
1 TL schwarze Pfefferkörner
1 TL getrocknete Koriandersamen
2 EL Olivenöl
½ TL Salz

1. Die Zitrone heiß waschen und in dünne Scheiben schneiden. Wasser zum Kochen bringen und die Zitronenschnitze darin 2 Minuten kochen. Abgießen und unter kaltem Wasser abschrecken. In einem kleinen Topf den Zucker mit 150 ml Wasser zum Kochen bringen. Die blanchierten Zitronenscheiben zugeben und 10 Minuten leise köcheln lassen. Von der Herdplatte nehmen und im Sud abkühlen lassen.

2. Um das Geflügel unter der Haut zu füllen, die Haut mit den Fingern vom Fleisch lösen, ohne sie zu beschädigen oder gar abzuziehen. Hierfür am Hals (Bürzel) beginnen und bis zu den Keulen fortfahren. Die Zitronenschnitze abtropfen lassen. Die Minze waschen, trocken tupfen und mit den Zitronenscheiben unter die gelockerte Haut schieben, sodass das Brust- und Keulenfleisch bedeckt sind.

3. In einem Mörser die Pfefferkörner und den Koriander zerreiben. Mit dem Öl und etwas Salz vermischen und das Huhn von allen Seiten damit einreiben. Bei mittlerer Hitze 1–1¼ Stunden grillen, bis der Fleischsaft klar ist. Vor dem Tranchieren noch 10–15 Minuten ruhen lassen.

Gegrillte Hähnchenbrust
mit drei chinesischen Saucen

Gas	direkt/mittlere Hitze	☀
Grillkohle	direkt	
Zubereitungszeit	35 Min.	**Für**
plus Grillzeit	10–12 Min.	4 Personen

Für die Hähnchenbrust
1 gehackte Schalotte
1 gehackte Knoblauchzehe
4 EL Olivenöl
4 Hähnchenbrustfilets ohne Haut (ca. 600 g)

Für die drei Saucen
2 EL frisch geriebener Ingwer
4 EL dunkle Sojasauce
4 EL Sonnenblumenöl
1 TL Reisweinessig
1 TL Zucker
4 Frühlingszwiebeln
1 gehackte Knoblauchzehe
3 EL helle Sojasauce
1 EL trockener Sherry oder Weißwein
1 TL Sesamöl
1 Chilischote
3 EL Reisweinessig
Szechuan-Pfefferkörner (Anispfeffer), zerstoßen

1. Die Schalotten- und Knoblauchwürfel mit dem Olivenöl gut vermischen und die Hähnchenfilets damit bestreichen. Bei Zimmertemperatur 30 Minuten marinieren.

2. Währenddessen die Saucen zubereiten. Für die Ingwer-Soja-Sauce den Ingwer bis auf 1 TL mit der dunklen Sojasauce, 1 EL Sonnenblumenöl, 1 TL Reisweinessig und 1 Prise Zucker verrühren.

3. Für die Zwiebelsauce die Frühlingszwiebeln putzen und in feine Ringe schneiden. Mit Knoblauch und dem restlichen Ingwer mischen. In einem kleinen Topf 3 EL Sonnenblumenöl erhitzen und über die Frühlingszwiebelmischung gießen. Die helle Sojasauce, Sherry und Sesamöl unterrühren. Für die Chilisauce die Chilischote putzen, entkernen und in feine Ringe schneiden, mit Reisweinessig und ½ TL Zucker mischen.

4. Die Hähnchenbrustfilets abtropfen lassen bei mittlerer Hitze in 10–12 Minuten zart grillen, dabei einmal wenden.

5. Die Hähnchenbrustfilets diagonal einschneiden, die drei Saucen und die Szechuan-Pfefferkörner in separaten Schüsselchen dazu servieren.

Im Uhrzeigersinn von oben: Zwiebelsauce, Chilisauce, Szechuan-Pfefferkörner, Meersalz, Ingwer-Soja-Sauce.

Geflügel-Hamburger
mit Blauschimmelkäse-Mayonnaise

Gas	direkt/mittlere Hitze	☀ ☀
Grillkohle	direkt	
Zubereitungszeit	50 Min.	Für
plus Grillzeit	15 Min.	4 Personen

Für die Hamburger
500 g Hähnchenkeulen ohne Haut und Knochen oder
Hähnchenbrustfilets
6 Scheiben durchwachsener Speck ohne Schwarte
1 EL Olivenöl
je 1 gehackte Knoblauchzehe und Schalotte
2 EL frischer, gehackter Estragon
50 g Semmelbrösel
Salz, schwarzer Pfeffer aus der Mühle

Für die Blauschimmelkäse-Mayonnaise
1 Eigelb
1 TL Dijon-Senf
Salz, Pfeffer aus der Mühle
150 ml Olivenöl
75 g Blauschimmelkäse
1 TL Weißweinessig
1 EL Schnittlauchröllchen
Öl zum Bestreichen
4 Hamburger-Brötchen
Salatblätter nach Geschmack

1. Das Hähnchenfleisch in Stücke schneiden und in einem Mixer zerkleinern. 2 Scheiben Speck in Stücke schneiden, zu dem Fleisch geben und alles pürieren.

2. Das Olivenöl erhitzen, Knoblauch und Schalotten darin glasig dünsten. Auf Küchenpapier abkühlen und abtropfen lassen. Dann in einer Schüssel mit Estragon, Semmelbröseln und der Geflügel-Mischung gut vermischen, salzen und pfeffern. Mit bemehlten Händen 4 Hamburger formen. 30 Minuten kalt stellen.

4. Währenddessen für die Mayonnaise Eigelb und Senf zu einer glatten Creme verrrühren, kräftig salzen und pfeffern. Unter Rühren das Olivenöl zugießen, bis eine dicke, glatte Masse entsteht. Den Käse zerkrümeln, mit Essig und Schnittlauch untermischen. Kalt stellen.

5. Den restlichen Speck in 8–10 Minuten knusprig grillen, dabei mehrmals wenden. Auf Küchenpapier abtropfen lassen. Den Grillrost mit etwas Öl bestreichen und die Burger bei mittlerer Hitze 15 Minuten grillen, dabei einmal wenden. Die Brötchen auf dem Grill kurz antoasten. Jeweils eine Hälfte mit Salat, Burger, Mayonnaise und Speck belegen, zweite Brötchenhälfte darauf setzen.

Gefüllte Hähnchenkeulen
mit Paprika

Gas	indirekt/mittlere Hitze	☀
Grillkohle	indirekt	
Zubereitungszeit	15 Min.	Für
plus Grillzeit	35–45 Min.	4 Personen

1–2 El frisches, fein gehacktes Koriandergrün
2 EL frische, fein gehackte Basilikumblättchen
40 g frisch geriebener Parmesan
4 Hähnchenkeulen
Salz, Pfeffer
4 rote Paprikaschoten

1. Die Kräuter und den Parmesan gut vermischen.

2. Die Haut von den Hähnchenkeulen mit den Händen ganz leicht lösen, aber nicht abziehen, und die Kräutermischung darunter verteilen. Die Keulen kräftig salzen und pfeffern.

3. Die Paprikaschoten und die Hähnchenkeulen bei mittlerer Hitze 20 Minuten grillen. Die Paprikaschoten dabei mehrmals wenden.

4. Die Paprikaschoten vom Grill nehmen, die Hähnchenkeulen wenden und weitere 20–25 Minuten grillen, bis das Fleisch zart ist und der Saft beim Einstechen klar bleibt.

5. Währenddessen die Paprikaschoten häuten, den Stielansatz und die Kerne entfernen. Die fertigen Hähnchenkeulen vom Rost nehmen, 5 Minuten ruhen lassen und mit den gegrillten Paprikaschoten servieren.

Unser Küchen-Tipp

Hühnerfleisch muss gut durchgegart und darf nicht mehr rosa sein. Die Burger in diesem Rezept besitzen aber nach dem Grillen durch die Speckstückchen eine leichte rosa Färbung.

Glasierte Stubenküken

Durch die Metallspieße werden die Stubenküken während des Marinierens und Grillens in Form gehalten. Das Bestreichen der Stubenküken während des Grillens muss zügig geschehen, damit nicht zu viel Wärme entweicht.

Gas	indirekt/mittlere Hitze	✳ ✳
Grillkohle	indirekt	
Zubereitungszeit	30 Min.	Für
plus Grillzeit	50 Min.	4 Personen

4 Stubenküken
150 ml Apfelsaft
50 g Zucker
1 EL Apfelessig
2 EL Tomatenketchup
abgeriebene Schale von 1 unbehandelten Orange
Salz, schwarzer Pfeffer aus der Mühle

Außerdem
8 Bambusspieße

1. Die Bambusspieße 30 Minuten in kaltem Wasser einweichen. Das Rückgrat der Stubenküken entfernen. Dazu mit einer Geflügelschere oder einer scharfen Küchenschere an beiden Seiten des Rückgrats entlangschneiden und dieses entfernen. Die Küken auseinander klappen und mit dem Handballen flach drücken. Mit einem Metallspieß diagonal durch die Küken stechen, sodass der Spieß vom Keulengelenk bis zum Flügelgelenk der gegenüberliegenden Seite verläuft. Von der anderen Seite genauso vorgehen, sodass sich die Spieße in der Mitte kreuzen.

2. Für die Glasur den Apfelsaft, Zucker und Essig in einem kleinen Topf zum Kochen bringen und auf die Hälfte einköcheln lassen. Den Ketchup und die Orangenschale unterrühren und mit Salz und Pfeffer würzen.

3. Die Küken auf eine flache Platte legen und die Glasur gleichmäßig darüber verteilen, Überschüsse abtropfen lassen und auffangen.

4. Den Grillrost mit Öl bestreichen und die Küken indirekt bei mittlerer Hitze 45–50 Minuten grillen, bis das Fleisch zart und der Saft klar ist. Dabei alle 15 Minuten mit etwas Glasur bestreichen. Mit Waldorfsalat (siehe Seite 139) servieren.

Orangen-Entenbrust
mit Rotweinsauce

Gas	direkt/niedrige Hitze	☀ ☀
Grillkohle	direkt	
Zubereitungszeit	30 Min. + 1 Std. Marinierzeit	Für
plus Grillzeit	15 Min.	4 Personen

4 Entenbrustfilets
abgeriebene Schale und Saft von 1 unbehandelten Orange
1 gehackte Knoblauchzehe
1 gehackte Schalotte
1 Lorbeerblatt
250 ml Rotwein
2 EL Aceto Balsamico
1 TL Zucker
Salz, schwarzer Pfeffer aus der Mühle
3 EL Johannisbeergelee

1. Von den Entenbrustfilets überhängendes Fett wegschneiden. Die Haut bis zum Fleisch rautenförmig einschneiden. Die Entenbrüste mit der Orangenschale einreiben, in ein flaches Gefäß legen. Knoblauch und Schalottenwürfel über das Fleisch streuen, das Lorbeerblatt dazulegen, mit dem Orangensaft und dem Rotwein begießen. Mindestens 1 Stunde marinieren lassen.

2. Die Entenbrustfilets gut abtropfen lassen. Die Marinade in einen kleinen Topf füllen. Den Aceto Balsamico zugeben, zum Kochen bringen und köcheln lassen, bis die Sauce um die Hälfte reduziert ist. Durch ein Sieb in einen sauberen Topf geben und mit Zucker, Salz und Pfeffer würzen. Das Johannisbeergelee unterrühren, 1–2 Minuten kochen, bis die Sauce leicht eingedickt ist.

3. Währenddessen die Entenbrüste mit der Hautseite nach unten auf den Grillrost legen und bei geringer Hitze 7–8 Minuten grillen, bis die Haut schön golden ist. Die Brüste wenden und weitere 6–7 Minuten grillen. Wenn Sie das Fleisch lieber gut durchgegart mögen, verlängern Sie die Grillzeit um 3–4 Minuten.

4. Das Fleisch in Scheiben schneiden und mit der warmen Sauce servieren.

Unser Küchen-Tipp

Entenhaut besitzt einen hohen Fettanteil, deshalb ist es nötig, überhängendes Fett zu entfernen, um ein Aufflammen der Glut zu vermeiden. Sollten während des Grillens dennoch Flammen entstehen, legen Sie das Fleisch für 1 Minute an den weniger heißen Rand des Rostes und lassen Sie die Flammen verlöschen.

Indonesische Entenbrust

Gas	indirekt / mittlere Hitze	✳ ✳
Grillkohle	indirekt	
Zubereitungszeit	25 Min. + 24 Std. Marinierzeit	Für
plus Grillzeit	10 Min.	4 Personen

4 Entenbrustfilets
4 EL Sojasauce
2 EL Honig
1 EL geröstete Sesamsamen
3 gehackte Knoblauchzehen
50 ml Geflügelfond
1 TL Hoisin-Sauce oder andere dunkle Sojasauce
1½ TL Maismehl
1 EL Sake (japanischer Reiswein)
2 gehackte Frühlingszwiebeln

1. Mit einem scharfen Messer die Haut der Entenbrustfilets ca. 3 mm tief rautenförmig einschneiden. Überhängendes Fett wegschneiden.

2. Die Sojasauce, Honig, Sesamsamen und Knoblauch zu einer Marinade verrühren. Die Entenbrüste nebeneinander in ein flaches Gefäß legen und mit der Marinade bedecken. Zugedeckt 24 Stunden im Kühlschrank durchziehen lassen.

3. Das Fleisch aus der Marinade nehmen, abtropfen lassen und mit der Hautseite nach unten auf die Mitte des Grillrostes legen. Bei mittlerer Hitze 10 Minuten grillen, dabei einmal wenden. Vom Grill nehmen und 5 Minuten ruhen lassen.

4. Währenddessen für die Sauce den Geflügelfond mit Hoisin-Sauce und der restlichen Marinade in einem Topf zum Kochen bringen und köcheln lassen. Maismehl und Sake zu einer glatten Paste verrühren. Unter die Sauce rühren und in 1–2 Minuten eindicken lassen.

5. Die Entenbrüste schräg in Scheiben schneiden und mit der Sauce übergießen. Mit Frühlingszwiebeln bestreuen und mit Reis oder Nudeln servieren.

Knusprige Ente
mit süßem Birnen-Kumquat-Chutney

Gas	indirekt / mittlere Hitze	✳ ✳
Grillkohle	indirekt	
Zubereitungszeit	25 Min.	Für
plus Grillzeit	2 Std.	4 Personen

6 Kumquats
1 TL Öl
1–2 TL Zucker
2 feste, reife Birnen
1 gehackte Zwiebel
1 Zimtstange
einige Zweige Thymian
1 Lorbeerblatt
1 küchenfertige Barbarie-Ente (ca. 1,7 kg)
1 EL Salz
Salz, schwarzer Pfeffer aus der Mühle

1. Für das Chutney die Kumquats halbieren, in heißem Fett 4 Minuten anschwitzen, leicht zuckern. Die Birnen schälen, das Kerngehäuse entfernen und die Birnen in kleine Stücke schneiden. Die Birnen mit den Kumquats, Zwiebeln, Zimtstange, Thymianzweigen und Lorbeerblatt vermischen.

2. Aus der Ente die Innereien nehmen und überschüssiges Fett an der Öffnung wegschneiden. Die Bauchhöhle mit der Birnen-Kumquat-Mischung füllen.

3. Mit einem Spieß oder einer Tranchiergabel die Brust und die Keulen mehrfach einstechen und mit Salz bestreuen. Auf dem Gasgrill wird die Ente direkt auf die Mitte des Rostes gelegt, beim Holzkohlengrill wird sie zuerst in eine Aluschale und anschließend auf den Rost gelegt. Bei mittlerer Hitze 2 Stunden grillen, dabei alle 30 Minuten die Haut einstechen, damit das Fett austreten kann. Das Fleisch ist gar, wenn der austretende Saft klar bleibt. Die Ente vor dem Tranchieren noch 15 Minuten ruhen lassen.

4. Das Birnen-Kumquat-Chutney aus der Ente in eine Schüssel füllen, die Thymianzweige, die Zimtstange und das Lorbeerblatt entfernen. Chutney mit Salz und Pfeffer abschmecken und warm zu dem Entenfleisch servieren.

Unser Küchen-Tipp

Schmecken Sie das Chutney vor dem Servieren ab. Der Geschmack hängt vom Reifegrad der Birnen und der Schärfe der Kumquats ab. Ist es ein wenig zu scharf, rühren Sie 1 gute Prise Zucker unter.

Fleisch

Der Duft gegrillten Fleischs ist verlockend und verführerisch, da bekommt jeder Appetit. Würstchen, Hamburger und Steaks dürfen deswegen beim Grillen nie fehlen. Beim Barbecue hat man eine noch größere Auswahl und vielfältigere Zubereitungsmöglichkeiten. Mit Lammkarree, Schweinelende oder ganzem Schinken kann man sogar kulinarisch verwöhnte Gäste noch überraschen. Die Palette der Rezepte reicht von Schweinefleisch Char-Sui mit Pflaumensauce über Schinken mit Orangen-Aprikosen-Glasur und den traditionellen, aber unschlagbaren Bratwürsten bis hin zu Pfeffer-Lendensteaks.

Fleisch zubereiten

Einkauf und Vorbereitung

■ Achten Sie beim Einkauf von Rind und Lamm auf eine schöne Marmorierung. Diese feinen Fettmaserungen geben dem Fleisch einen delikaten Geschmack und machen es schön saftig. Da man beim Grillen den äußeren Fettrand größtenteils abschneidet, um ein Aufflammen zu vermeiden, ist die Marmorierung besonders wichtig.

■ Rindfleisch sollte kräftig rot sein, während Lamm eine matte rote Färbung aufweist. Schwein und Kalb besitzen ein helles rosa Fleisch ohne Marmorierung. Das Fett beim Schweinefleisch sollte glatt und weiß sein, das vom Kalb hat einen weiß-rosa Farbton.

■ Bitten Sie Ihren Metzger, Steaks, Koteletts und Co. in Scheiben in der von Ihnen gewünschten Stärke zu schneiden. Das erleichtert das Abschätzen der Grillzeiten. Bereits geschnittenes, abgepacktes Fleisch aus dem Supermarkt variiert sehr stark in der Scheibendicke.

Marinierte Lammkoteletts mit
frischem Rosmarin.

Gut zu wissen!

■ *Bewahren Sie rohes und gekochtes Fleisch bis zur Verwendung immer getrennt im Kühlschrank auf.*

■ *Tauen Sie tiefgefrorenes Fleisch im Kühlschrank auf.*

■ *Waschen Sie nach der Zubereitung von rohem Fleisch gründlich Ihre Hände, Messer, Schere, Schneidbrett und Arbeitsfläche.*

■ *Benutzen Sie nie dasselbe Schneidbrett, Messer oder Teller für rohes und gekochtes Fleisch.*

Fleisch würzen

Fleisch kann auf viele verschiedene Arten gewürzt werden. Gewürz-mischungen eignen sich genauso gut wie Marinaden, da rohes Fleisch so fest ist, dass es den Druck beim Einreiben gut verträgt. Wenn das Fleisch in einer Marinade eingelegt wird, muss es min-destens 1 Stunde durchziehen. Schneiden Sie das Fleisch vorher ein, damit das Aroma leichter eindringen kann. Saucen und Glasuren werden erst kurz vor Ende der Grillzeit auf das Fleisch gestrichen.

Gewürze und Aromen für Rindfleisch

Zwiebeln ◼ Paprikapulver ◼ Zimt ◼ Ingwer ◼ Kardamom ◼ Pfefferkörner ◼ Knoblauch ◼ Weinbrand ◼ Portwein ◼ Joghurt ◼ Petersilie ◼ Meerrettich ◼ Senf ◼ Sojasauce ◼ Chili

Gewürze und Aromen für Lammfleisch

Knoblauch ◼ Rosmarin ◼ Minze ◼ Zitrone ◼ Safran ◼ Chili ◼ Joghurt

Gewürze und Aromen für Schweine- und Kalbfleisch

Knoblauch ◼ Chili ◼ Sternanis ◼ Sojasauce ◼ Ahornsirup ◼ Sesamöl ◼ Ingwer ◼ Rosmarin ◼ Salbei ◼ Thymian ◼ Apfel ◼ Senf

Große Fleischstücke grillen

Größere Fleischstücke wie zum Beispiel eine Lammhaxe werden generell langsam indirekt bei mittlerer Hitze gegrillt. Die Lammhaxe kann allerdings auch entbeint und flach gedrückt direkt bei mittlerer Hitze zubereitet werden.

Steaks, Koteletts und andere kleine Fleischstücke grillen

Steaks gehören zu den absoluten Favoriten beim Grillen. Wenn die Steaks nicht bereits in Ölmarinade eingelegt wurden, bestreichen Sie den Grillrost vor dem Grillen mit etwas Öl. Die Grillzeiten in diesem Buch geben an, in welcher Zeit das Fleisch medium gegrillt ist. Lassen Sie Steaks und Koteletts nach dem Grillen noch ein paar Minuten ruhen, damit sich der Saft verteilen kann.

Fleisch auf dem Grill braten

Das Anbraten von Fleisch auf dem Grill ist nicht anders als in der Bratpfanne. Um Fleisch auf einem Gasgrill anzubraten, muss der Grill auf höchster Stufe vorgeheizt werden. Legen Sie dann das Fleisch direkt über die Hitzequelle (direkte Methode) und schließen Sie den Deckel. Bei fetterem Fleisch das überschüssige Fett wegschneiden. Falls dennoch Flammen entstehen, schalten Sie den mittleren Brenner ab, bis die Flammen erloschen sind, und stellen ihn dann auf kleine oder mittlere Hitze. Nach dem Anbraten das Fleisch bei mittlerer Hitze fertig braten. Beim Holzkohlengrill das Fleisch auf den Grillrost direkt über die Glut legen und den Deckel schließen. Dann bei geschlossenem Deckel und indirekter Hitze fertig braten. Um die kombinierte Grillmethode von direktem und indirektem Garen zu nutzen, legen Sie das Fleisch zum Anbraten zunächst auf den Rost unmittelbar über die Glut am Rand, und garen Sie es anschließend in der Mitte des Rostes durch. Falls die Kohle in der Mitte der Grillpfanne platziert ist, schieben sie das Fleisch nach dem Anbraten einfach an den Rand. Diese Grillmethode ist ideal für Steaks und Koteletts.

Fleischspieße

Rindfleisch, Lammfleisch, Schweinefleisch und Kalbfleisch lassen sich hervorragend aufspießen. Wählen Sie zartes Fleisch, das nicht länger als 25 Minuten braucht. Denn Fleischsorten, die lange oder langsam gegart werden müssen, sind für Spieße nicht geeignet. Entfernen Sie überschüssiges Fett, schneiden Sie das Fleisch in ca. 2,5 cm große Würfel und spießen Sie es auf. Metall- oder Bambusspieße sind für Rind-, Schweine- und Kalbfleisch gut geeignet, Lamm schmeckt besonders würzig, wenn es auf Rosmarinzweige gespießt wird. Diese Zweige müssen vorher mindestens 30 Minuten in kaltem Wasser eingeweicht werden.

Das Grillen von Hamburgern stellt nie ein Problem dar, doch an die Zubereitung von größeren Fleischstücken und ganzen Braten wagen sich viele Hobby-Grillmeister nicht. In den folgenden Richtlinien und Tabellen finden Sie die empfohlenen Grillzeiten und Temperaturen für Fleisch, unterteilt nach Art und Dicke. Mit etwas Erfahrung werden Sie selbst ein Gefühl für die Garzeiten entwickeln und genau wissen, wann das Fleisch die von Ihnen gewünschte Garstufe erreicht hat. In vielen Rezepten finden Sie Empfehlungen für die Zubereitungszeit von Fleisch, das im Kern noch etwas blutig (rare), halb durchgegart (medium) bzw. gut durchgebraten (well-done) ist.

Wenn Sie nicht sicher sind, ob das Fleisch gar ist, stechen Sie an der dicksten Stelle mit einem Messer ein (nehmen Sie es dazu vom Grill und legen es auf ein sauberes Schneidebrett): Wenn der austretende Saft klar und nicht mehr blutig ist, ist das Fleisch gar. Falls der Saft vom Blut noch rötlich gefärbt ist, braucht das Fleisch noch einige Zeit.

Zubereitungszeiten von Rind- und Kalbfleisch

Falls Sie die direkte Grillmethode wählen, legen Sie das Fleisch in die Mitte des Grillrosts über die Glut. Alle Garzeiten sind so gewählt, dass das Fleisch rosa, also halb durchgebraten wird. Gut durchgebratenes Fleisch benötigt einige Minuten länger. Wenden Sie das Fleisch einmal nach der Hälfte der Garzeit und warten Sie nach Ablauf der angegebenen Garzeit noch ein paar Minuten mit dem Anschneiden. Das Aroma entfaltet sich am besten, wenn Sie das Fleisch dazu vom Grill nehmen, mit Alufolie abdecken und 10–15 Minuten ruhen lassen. Dadruch gart das Fleisch auch noch etwas weiter und wird ganz zart.
Sie können das Fleisch mit Alufolie abdecken, um es warm zu halten. Bei großen Braten empfiehlt es sich, das Fleisch zunächst über direkter Hitze anzubraten und dann für die restliche Garzeit indirekt, d. h. von der direkten Glut entfernt, zu grillen. Alle Garzeiten entsprechen der mittleren Garstufe (medium).

Rind- und Kalbfleisch	Gewicht	Grilldauer	Fleischtemperatur
Lendensteak, Filetsteak,	2,5 cm dick	10–12 Minuten	71°
T-Bone-Steak und Ochsensteak	4 cm dick	14–16 Minuten	71°
	5 cm dick	15–20 Minuten	71°
Rumpsteak	450–900 g	12–15 Minuten	71°
Bruststück	ca. 2,5 kg	2½–3 Stunden	71°
Lendenbraten (ohne Knochen)	1,8–2,8 kg	2–2½ Stunden	71°
Kalbssteak	2 cm dick	10–12 Minuten	71°
	2,5 cm dick	14 Minuten	71°
	3,5 cm dick	16–18 Minuten	71°
Hamburger	ca. 2 cm dick	ca. 10 Minuten	71°

Grillzeiten von Lamm

Platzieren Sie Lammkoteletts in der Mitte des Grillrostes und grillen Sie sie auf dem Holzkohlengrill direkt. Beim Gasgrill wählen Sie hingegen die indirekte Methode und mittlere Hitze. Wenden Sie das Fleisch einmal nach der Hälfte der Grillzeit.

Alle Zeiten sind so berechnet, dass das Fleisch in der Mitte noch rosa (medium rare) ist. Bevorzugen Sie es gut durchgebraten, grillen Sie es etwas länger.

Lammfleisch	Gewicht	Grilldauer	Fleischtemperatur
Lende, Rippchen und dicke Koteletts	2,5 cm dick	10–12 Minuten	71°
	4 cm dick	14–16 Minuten	71°
Beinscheiben	2,5 cm dick	10–12 Minuten	71°
Haxe, entbeint und flach	ca. 1,7 kg	55–65 Minuten	71°
Haxe, entbeint als Rollbraten	ca. 2,5 kg	1½–2 Stunden	71°
Lammkarree	1,5–1,8 kg	1¼–1½ Stunden	71°
Rippenspeer	1,2–1,5 kg	1¼–1½ Stunden	71°

Grillzeiten von Schwein

Platzieren Sie das Schweinefleisch in der Mitte des Grillrostes und grillen Sie dünne Fleischstücke auf dem Holzkohlengrill direkt. Sind die Fleischstücke dicker als ca. 2,5 cm, wählen Sie die indirekte Methode. Beim Gasgrill wählen Sie hingegen generell die indirekte Methode und mittlere Hitze. Schweinewürste werden auf Kohle nach der direkten, auf Gasgrills nach der indirekten Methode gegrillt. Wenden Sie das Fleisch einmal nach der Hälfte der Grillzeit. Schweinefleisch sollte grundsätzlich – auch Würstchen – gut durch gegrillt werden. Alle Zeiten sind so berechnet, dass das Fleisch medium bis gut durchgebraten ist.

Schweinefleisch	Gewicht	Grilldauer	Fleischtemperatur
Rippen, Lende und Schulterscheiben	2 cm dick	12–14 Minuten	71°
Lendenbraten	1,5–2,3 kg	1–2 Stunden	71°
Spareribs	1,5–1,8 kg	1–1½ Stunden	71°
Lendenfilet	350–450 g	25–35 Minuten	71°
große Bratwürste		25 Minuten	71°
kleine Bratwürste		10–14 Minuten	71°

Lammkarree
auf provenzalische Art

Gas	direkt/mittlere Hitze	✳ ✳ ✳
Grillkohle	direkt	
Zubereitungszeit	2 Std. + 4 Std. Marinierzeit	Für
plus Grillzeit	15–25 Min.	4 Personen

Für die Lammkarrees
½ **Bund Petersilie**
1 **gehackte Zwiebel**
6 **gehackte Knoblauchzehen**
4 **gehackte Eiertomaten**
15 g **getrocknete Rosmarinnadeln**
2 EL **Dijon-Senf**
300 ml **Rotwein**
1 TL **Salz**
½ TL **schwarzer Pfeffer aus der Mühle**
2 **Lammkarrees, je ca. 650 g**

Für den Bohnensalat
250 g **getrocknete weiße Bohnen**
1 **kleine Zwiebel**
1 **Möhre**
1 **Stange Sellerie**
1½ TL **getrockneter Oregano**
2 **große Tomaten**
50 g **schwarze oder grüne Oliven**
50 ml **Olivenöl**
3 EL **Rotweinessig**
2 EL **gehackte Petersilie**
Salz, schwarzer Pfeffer aus der Mühle

Knochen verbrennen sehr schnell, deswegen ist es wichtig, sie vor dem Grillen mit Alufolie zu umwickeln.

1. Für die Marinade die Petersilie waschen, trocken tupfen und die Blättchen abzupfen. Mit Zwiebeln, Knoblauch, Tomaten, Rosmarin, Senf, Rotwein, Salz und Pfeffer im Mixer pürieren. In eine Schüssel geben.

2. Von den Lammkarrees überschüssiges Fett schneiden und das Fleisch in der Marinade wenden, bis es von allen Seiten gut bedeckt ist. Zugedeckt im Kühlschrank 4–6 Stunden marinieren.

3. Die getrockneten Bohnen in einen großen Topf füllen und mit reichlich Wasser bedecken. Zum Kochen bringen, 10 Minuten köcheln lassen, von der Kochstelle nehmen und zugedeckt 1 Stunde ziehen lassen. Das Wasser abgießen und die Bohnen abtropfen lassen.

4. Zwiebel, Möhre und Sellerie in grobe Stücke schneiden. Zusammen mit den Bohnen, 900 ml Wasser und Oregano wieder in den Topf geben und zum Kochen bringen. Die Hitze reduzieren und 40 Minuten zugedeckt leise köcheln lassen, bis die Bohnen weich sind. Zwiebeln-, Möhren- und Selleriestücke herausnehmen und die Bohnen in eine Servierschüssel umfüllen. Die Tomaten würfeln, die Oliven in feine Scheiben schneiden. Das Olivenöl, Essig, Petersilie, Tomaten und Oliven unter die Bohnen mischen, kräftig salzen und pfeffern und abkühlen lassen.

5. Das Lammfleisch aus der Marinade nehmen und die Knochen mit Alufolie umwickeln, damit sie nicht verbrennen. Direkt über mittlerer Hitze grillen – wenn Sie es rare mögen 15 Minuten, 20 Minuten für medium und 25 Minuten für ein gut durchgebratenes Stück Fleisch. Vom Rost nehmen, 10–15 Minuten ruhen lassen, in Koteletts schneiden und mit dem Bohnensalat servieren.

Bratwurst im Brötchen
mit geschmortem Rotkohl

Gas	indirekt/mittlere Hitze	☀
Grillkohle	indirekt	
Zubereitungszeit	50 Min.	Für
plus Grillzeit	6 – 18 Min.	6 Personen

450 g Rotkohl
1 Zwiebel
2 EL Sonnenblumenöl
2 gehackte Knoblauchzehen
½ EL Kümmel
120 ml Apfelessig
2 EL brauner Zucker
Salz, schwarzer Pfeffer aus der Mühle
6 Bratwürste
Öl zum Bestreichen
6 Hot-Dog-Brötchen
scharfer Senf zum Servieren

1. Mit einem scharfen Messer oder der Küchenmaschine den Rotkohl und die Zwiebel sehr fein schneiden. Das Öl in einem großen Topf erhitzen, Zwiebeln und Knoblauch darin scharf anbraten, den Rotkohl zugeben und alles in 5–6 Minuten weich dünsten.

2. Den Kümmel zugeben und alles 1–2 Minuten bei großer Hitze unter Rühren schmoren. Den Essig zugleßen, Zucker zugeben, salzen, pfeffern und zum Kochen bringen. Die Hitze reduzieren und zugedeckt 25 Minuten kochen, bis der Kohl sehr weich ist. Die Herdplatte ausschalten und den Kohl erkalten lassen.

3. Die Bratwürste leicht mit Öl bestreichen und bei mittlerer Hitze je nach Größe 6–18 Minuten grillen, dabei einmal wenden.

4. Die Brötchen aufschneiden, jeweils mit etwas Senf bestreichen, mit dem geschmorten Rotkohl füllen, eine Bratwurst darauf legen und servieren.

Die Grillzeit der Bratwürste hängt von Größe und Beschaffenheit der Würste ab. Lange, dünne Würstchen brauchen sehr viel weniger Zeit als dicke, grobe Bratwürste. Auf jeden Fall sollten die Würste gut durchgebraten sein.

Rosmarin-Knoblauch-Koteletts
vom Kalb mit Pilz-Relish

Gas	direkt/mittlere Hitze	❊ ❊
Grillkohle	direkt	
Zubereitungszeit	40 Min.	Für
plus Grillzeit	15–18 Min.	4 Personen

Für die Koteletts
2 EL Olivenöl
1 EL frische, gehackte Rosmarinnadeln
2 gehackte Knoblauchzehen
abgeriebene Schale von ½ unbehandelten Zitrone
½ TL Salz
4 Kalbskoteletts, je ca. 2,5 cm dick

Für das Pilz-Relish
1 Zwiebel
250 g frische große Shiitakepilze
2 EL Olivenöl
Salz, schwarzer Pfeffer aus der Mühle
1 kleine rote Tomate
1 kleine gelbe Tomate
1 EL frische, gehackte Thymianblättchen
2 TL Sherry-Essig
1 EL Olivenöl
1 EL frische, gehackte Petersilie

1. Das Olivenöl mit Rosmarin, Knoblauch, Zitronenschale und Salz verrühren. Die Kalbskoteletts von beiden Seiten mit der Mischung bestreichen, abdecken und in den Kühlschrank stellen.

2. Für das Pilz-Relish die Zwiebel in sehr dicke Ringe schneiden. Die Pilze mit Küchenpapier abreiben, die Stiele abschneiden. Zwiebeln und Pilze mit dem Olivenöl mischen, mit Salz und Pfeffer würzen. Die Pilze und Zwiebelringe bei mittlerer Hitze in 10 Minuten goldgelb grillen, dabei einmal wenden. Abkühlen lassen und grob hacken. In eine Servierschüssel füllen.

3. Die Tomaten entkernen und in Würfel schneiden. Mit Thymian, Sherry-Essig, Olivenöl und Petersilie unter das Gemüse mischen. Abschmecken und beiseite stellen.

4. Die Kalbskoteletts aus der Marinade nehmen und bei mittlerer Hitze 15–18 Minuten grillen, einmal wenden. Das Fleisch sollte innen noch leicht rosa sein.

5. Nach dem Grillen das Fleisch 5–10 Minuten ruhen lassen und mit dem gegrillten Pilz-Relish servieren.

Honig-Würstchen
mit Zwiebelspießen

Gas	indirekt/mittlere Hitze	☀
Grillkohle	indirekt	
Zubereitungszeit	10 Min.	Für
plusGrillzeit	18 Min.	6 Personen

3 gehackte Knoblauchzehen
Saft von 1 Zitrone
3 EL grobkörniger Senf
3 EL flüssiger Honig
1 TL Chilipulver
2 große Zwiebeln
12 grobe Schweinebratwürste
Öl zum Bestreichen

Außerdem
2–3 Metallspieße

1. Den Knoblauch mit Zitronensaft, Senf, Honig und Chili verrühren. Die Zwiebeln längs halbieren, sodass die einzelnen
Schichten durch den Wurzelansatz zusammengehalten werden.
Jede Hälfte längs in 2 oder 3 Stücke schneiden und auf 2 oder 3
lange Spieße stecken.

2. Die Würste und die Zwiebelspieße von allen Seiten mit der
Senf-Honig-Mischung bestreichen und auf den eingeölten Grillrost
legen. Indirekt über mittlerer Hitze 6 Minuten grillen, dann wenden und weitere 12 Minuten grillen, bis die Würste und Zwiebeln
zart sind.

3. Die Würste auf eine große Platte legen, die Zwiebelstücke mit
einer Gabel von den Spießen herunterschieben und mit den Würs-
ten servieren.

Steaks
mit Tomaten-Relish

Gas	direkt/mittlere Hitze	☀
Grillkohle	direkt	
Zubereitungszeit	15 Min.	Für
plus Grillzeit	12 – 16 Min.	4 Personen

4 T-Bone-Steaks, je ca. 450 g
Salz, schwarzer Pfeffer aus der Mühle
8 mittelgroße Eiertomaten
2 EL Olivenöl
1–2 gehackte Zwiebeln
1 gehackte Knoblauchzehe
3 EL frisches, gehacktes Basilikum

1. Die Steaks kräftig salzen und pfeffern und auf die Mitte des
Grillrostes legen, um sie direkt zu grillen. Die Tomaten längs hal-
bieren, leicht mit Öl bestreichen und mit der Schnittseite nach
oben um die Steaks herumlegen. Bei mittlerer Hitze direkt 6–8
Minuten grillen, bis die Tomaten weich sind. Die Tomaten vom
Rost nehmen, etwas abkühlen lassen und grob hacken.

2. Das restliche Öl mit Zwiebeln und Knoblauch in eine feuerfeste
Alu-Form geben und auf den Grillrost stellen. Die Steaks wenden
und weitere 6–8 Minuten direkt grillen, die Zwiebel-Knoblauch-
Mischung gelegentlich umrühren, bis sie weich und leicht ange-
bräunt ist. Bevorzugen Sie die Steaks gut durchgegart, verlängern
Sie die Grillzeit um 2–3 Minuten.

3. Basilikum und Tomaten zu den Zwiebeln und Knoblauch geben
und mit Salz und Pfeffer abschmecken, vom Grill nehmen. Die
Steaks ebenfalls vom Rost nehmen, 5 Minuten ruhen lassen und
auf die Teller verteilen. Den vorhandenen Fleischsaft unter das
Tomaten-Relish rühren und zusammen mit den Steaks servieren.

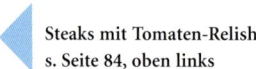

Steaks mit Tomaten-Relish
s. Seite 84, oben links

Lammkoteletts
mit Ingwer und Portwein

Gas	indirekt / mittlere Hitze	✳ ✳
Grillkohle	indirekt	
Zubereitungszeit	1 Std. 15 Min.	**Für**
plus Grillzeit	7–17 Min.	4 Personen

1 Stange Sellerie
300 ml Geflügelfond
50 ml Ketchup
50 g passierte Tomaten
1 gehackte Zwiebel
50 ml Portwein
2 EL Honig
1 EL frisch geriebener Ingwer
1 EL Balsamico-Essig
1 EL Worcestershire-Sauce
2 TL Chilipulver
2 TL gemahlene Senfkörner
2 TL Zucker
8 Lammkoteletts

1. Den Sellerie putzen und grob hacken. Den Geflügelfond mit dem Ketchup, passierten Tomaten, Zwiebel, Sellerie, Portwein, Honig, Ingwer, Essig, Worcestershire-Sauce, Chili, gemahlenen Senfkörnern und Zucker in einen Topf geben und zum Kochen bringen. Ohne Deckel 1 Stunde unter gelegentlichem Rühren köcheln lassen, bis die Sauce eingedickt ist.

2. Die Sauce im Mixer glatt pürieren. Abkühlen lassen und bis zur Verwendung abgedeckt im Kühlschrank aufbewahren.

3. Die Lammkoteletts bei mittlerer Hitze indirekt grillen, bis der gewünschte Grad erreicht ist: rare 7–9 Minuten, medium 10–13 Minuten, well done 14–17 Minuten. Jeweils nach der Hälfte der Grillzeit wenden. Während der letzten 2 Minuten von beiden Seiten mit der Sauce bestreichen. Vom Grill nehmen und 3–4 Minuten ruhen lassen. Die restliche Sauce erhitzen und mit den Koteletts servieren.

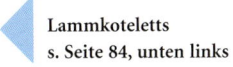

Lammkoteletts
s. Seite 84, unten links

Lammspieße
mit Cognac-Kräuter-Sauce

Gas	indirekt / mittlere Hitze	✳
Grillkohle	direkt	
Zubereitungszeit	25 Min. + 1 Std. Einweichzeit	**Für**
plus Grillzeit	7–17 Min.	4 Personen

Für die Lammspieße
2 grüne Paprikaschoten
1 große Zwiebel
700 g Lammhaxe ohne Knochen
Salz, schwarzer Pfeffer aus der Mühle

Für die Cognac-Kräuter-Sauce
120 ml Olivenöl
1 gehackte Zwiebel
Saft von 1 Zitrone
2 EL Cognac
1 gehackte Knoblauchzehe
2 TL Dijon-Senf
1 TL getrockneter Oregano
1 TL frische, gehackte Thymianblättchen
1 Prise Cayennepfeffer
Öl zum Bestreichen

Außerdem
8 Spieße

1. Bei Verwendung von Holzspießen diese 1 Stunde in kaltem Wasser einweichen. Die Paprikaschoten in ca. 2,5 cm große Würfel schneiden, die Zwiebel achteln. In einem großen Topf Wasser zum Kochen bringen, die Paprikastücke hineingeben, einmal kurz aufkochen lassen und sofort abgießen. Unter kaltem Wasser abschrecken, abtropfen lassen und auf Küchenpapier beiseite stellen.

2. Von der Lammhaxe überschüssiges Fett entfernen und das Fleisch in ca. 2,5 cm große Würfel schneiden. Die Lammwürfel, Paprikastücke und Zwiebelachtel abwechselnd auf 8 Spieße stecken und mit Salz und Pfeffer würzen.

3. Für die Sauce Olivenöl, Zwiebeln, Zitronensaft, Cognac, Knoblauch, Senf, Oregano, Thymian und Cayennepfeffer im Mixer zu einer glatten Masse pürieren.

4. Die Spieße leicht mit Öl bestreichen und bei mittlerer Hitze grillen, bis der gewünschte Grad erreicht ist, einmal wenden: rare 7–9 Minuten, medium 10–13 Minuten, well done 14–17 Minuten. Währenddessen zwei- bis dreimal großzügig mit der Sauce bestreichen.

Das Mitkochen der Pflaumenkerne unterstützt das Eindicken der Sauce. Wickeln Sie sie in Mulltücher, um sie einfach wieder herausnehmen zu können.

Beim Entfernen der Gewürzpäckchen drücken Sie diese gut aus.

Unser Küchen-Tipp

Sind keine frischen Pflaumen erhältlich, können Sie in einem Asia-Laden auch fertige Pflaumensauce im Glas kaufen.

Schweinefleisch Char-Sui
mit Pflaumensauce

Gas	indirekt/mittlere Hitze	✳ ✳
Grillkohle	indirekt	
Zubereitungszeit	1 Std. 20 Min. + 3 Std. Marinieren	Für
plus Grillzeit	30 Min.	6 Personen

Für das Schweinefleisch
4 EL Ahornsirup
2 EL dunkle Sojasauce
3 EL trockener Wermut, z.B. Noilly Prat
3 Schweinefilets, je 375 – 450 g

Für die Pflaumensauce
750 g frische Pflaumen
10 ganze Gewürznelken
1 Sternanis
2 getrocknete Chilischoten
1 – 2 EL frischer, geriebener Ingwer
200 g Zucker
1 TL Salz
250 ml Weißweinessig
Öl zum Bestreichen

1. Für die Char-Sui-Marinade den Sirup mit Sojasauce und Noilly Prat unter Rühren erhitzen, bis sich die Zutaten gut verbunden haben. Abkühlen lassen.

2. Das Fleisch in ein großes flaches Gefäß legen. Die kalte Char-Sui-Sauce darüber gießen, und die Fleischstücke darin wenden, bis sie von allen Seiten komplett bedeckt sind. Im Kühlschrank 4 Stunden marinieren, dabei gelegentlich wenden.

3. Die Pflaumen waschen und entkernen. Die Gewürznelken, Sternanis und Chilis in ein Mulltuch geben und dieses verknoten. Das Gewürzpäckchen zusammen mit den Pflaumen, Zucker, Salz, Ingwer und Essig in einen großen Topf geben.

4. Auf kleiner Flamme zum Kochen bringen, bis sich der Zucker vollständig aufgelöst hat, und 20 Minuten leise köcheln lassen, bis die Pflaumen sehr weich sind. Evtl. mit der Gabel etwas zerdrücken. Das Päckchen herausnehmen und über dem Topf ausdrücken. Weitere 5 – 10 Minuten sprudelnd kochen lassen, bis die Sauce eingedickt ist. Beiseite stellen und abkühlen lassen. Die Sauce wird dabei noch etwas dicker.

5. Den Grillrost mit etwas Öl bestreichen. Die Schweinelenden aus der Marinade nehmen, auf den Rost legen und bei mittlerer Hitze 30 Minuten gut durchgrillen. Das Fleisch in Scheiben schneiden und mit der Pflaumensauce servieren.

Gegrillte Schweineschulter
in würziger Kräuterkruste

Gas	indirekt/mittlere Hitze	✴
Grillkohle	indirekt	
Zubereitungszei:	10 Min. + 30 Min. Marinierzeit	Für
plus Grillzeit	10 Min.	8 Personen

2 TL Paprikapulver
1 EL gemahlener Koriander
1 EL abgeriebene Schale von 1 unbehandelten Zitrone
1 EL getrockneter Majoran
2 TL Knoblauchpulver
1 TL Salz
½ TL schwarzer Pfeffer aus der Mühle
½ TL gemahlener Kreuzkümmel
1 Prise Zimtpulver
8 Scheiben Schweinefleisch aus der Schulter, entbeint, ca. 1,6 kg

1. Das Paprikapulver, Koriander, Zitronenschale, Majoran, Knoblauchpulver, Salz, Pfeffer, Kreuzkümmel und Zimt vermischen. Das Fleisch von beiden Seiten mit der Gewürzmischung einreiben. 30 Minuten einwirken lassen.

2. Die Scheiben in die Mitte des Grillrostes legen und bei mittlerer Hitze in 10 Minuten medium oder in 12–14 Minuten gut durch grillen, dabei einmal wenden.

Unser Küchen-Tipp

Mit der Gewürzmischung lassen sich auch leckere Spareribs zubereiten. 1½–2 kg Rippchen wie oben beschrieben mit der Mischung einreiben und indirekt bei mittlerer Hitze 1¼–1½ Stunden knusprig grillen.

Steaks in Pfefferkruste
mit Weinbrand-Sauce

Gas	direkt/starke Hitze	✴ ✴ ✴
Grillkohle	direkt	
Zubereitungszei:	45 Min.	Für
plus Grillzeit	8 Min.	4 Personen

Für die Steaks
3 EL schwarze Pfefferkörner
4 Lendensteaks, je ca. 220 g

Für die Weinbrand-Sauce
1 EL Pflanzenöl
1 gehackte Zwiebel
1 gehackte Knoblauchzehe
2 EL Weinbrand
300 ml Rinderfond
6 EL Crème fraîche
Salz, schwarzer Pfeffer aus der Mühle
Öl zum Bestreichen

1. Die Pfefferkörner in einem Mörser grob zerstoßen und auf Backpapier ausbreiten. Überschüssiges Fett von den Steaks abschneiden und jedes Fleischstück mit einer Seite auf den Pfeffer pressen, bis der Pfeffer aufgebraucht ist.

2. Für die Weinbrand-Sauce das Öl in einem kleinen Topf erhitzen, Zwiebeln und Knoblauch darin 5–7 Minuten andünsten. Den Weinbrand zugeben, flambieren und kochen, bis die Flammen wieder erloschen sind. Den Rinderfond zugießen, 10–12 Minuten offen köcheln lassen und auf die Hälfte reduzieren. Den Fond durch ein Sieb gießen, um die Zwiebeln zu entfernen. Den Fond schließlich mit Crème fraîche 2 Minuten kochen, bis die Sauce leicht eingedickt ist. Leicht salzen und pfeffern und warm stellen.

3. Den Grillrost mit wenig Öl bestreichen und die Steaks mit der Pfefferseite nach unten auflegen. Bei starker Hitze 8 Minuten grillen, dabei einmal wenden (für ein gut durchgebratenes Steak verlängert sich die Grillzeit um 2–3 Minuten je Seite). Mit der heißen Weinbrand-Sauce servieren.

Bild links: Gegrillte Schweineschulter
Bild rechts: Steaks in Pfefferkruste

Beim Wenden der Steaks ganz
vorsichtig vorgehen, um
die Pfefferkruste nicht zu
beschädigen, da diese den
charakteristischen Geschmack
ausmacht.

Asiatische Steaks
mit süßer Marinade

Gas	direkt/mittlere Hitze	✳ ✳
Grillkohle	direkt	
Zubereitungszeit	15 Min. + 3–4 Std. Marinierzeit	Für
plus Grillzeit	12–15 Min.	4 Personen

120 ml helle Sojasauce
120 ml Pflaumensauce (aus dem Glas)
120 ml Ananassaft
120 ml Ketchup
2 gehackte Frühlingszwiebeln
3 EL frisches, gehacktes Koriandergrün
2–3 EL frisch geriebener Ingwer
4 gehackte Knoblauchzehen
500 g Rumpsteak

1. In einer kleinen Schüssel die Sojasauce mit Pflaumensauce, Ananassaft, Ketchup, Frühlingszwiebeln, Koriander, Ingwer und Knoblauch gut verrühren. Das Fleisch in ein flaches Gefäß legen, die Marinade darüber verteilen. Abgedeckt im Kühlschrank 3–4 Stunden marinieren, gelegentlich wenden.

2. Das Fleisch aus der Marinade nehmen und bei mittlerer Hitze 12–15 Minuten grillen. Dabei gelegentlich mit der Marinade bestreichen und einmal wenden. Vom Grill nehmen, 5 Minuten ruhen lassen und in dünne Scheiben schneiden.

3. In einem kleinen Topf ca. drei Viertel der restlichen Marinade zum Kochen bringen und 3–5 Minuten sprudelnd kochen, bis die Sauce eingedickt ist. Die Marinade mit den aufgeschnittenen Steaks servieren.

Schinken
mit Orangen-Aprikosen-Glasur

Gas	indirekt/mittlere Hitze	✳ ✳
Grillkohle	indirekt	
Zubereitungszeit	10 Min.	Für
plus Grillzeit	1½–2 Std.	8–10 Personen

1 gekochte Schinkenkeule ohne Knochen, 1,5–2,3 kg, (beim Metzger vorbestellen)
Gewürznelken zum Spicken
90 g Aprikosenglasur oder Konfitüre
50 ml Orangensaft
2 EL Sojasauce
Saft von ½ Zitrone

1. Mit einem scharfen Messer die äußere Haut des Schinkens abschneiden, dabei eine dicke Schicht Fett auf dem Fleisch belassen. Die Fettschicht mehrfach mit einem Abstand von ca. 2,5 cm diagonal einschneiden, sodass ein Rautenmuster entsteht. In jede Rautenecke 1 Gewürznelke stecken.

2. Für die Glasur die Aprikosenglasur, Orangensaft, Sojasauce und Zitronensaft verrühren.

3. Den Schinken auf die Mitte des Rostes setzen und bei mittlerer Hitze 1½–2 Stunden grillen. Während der letzten 15 Minuten den Schinken von allen Seiten mit der Glasur bestreichen. Vom Rost nehmen und vor dem Anschneiden noch 15 Minuten ruhen lassen.

4. Unmittelbar vor dem Servieren die restliche Glasur am Grillrand erhitzen und den Schinken nochmals rundherum damit bestreichen.

Unser Küchen-Tipp

Sollten Sie die rohe Schinkenkeule selbst kochen wollen, geben Sie die Keule in einen großen Topf mit kaltem Wasser. Das Wasser zum Kochen bringen, abgießen und den Topf erneut mit kaltem Wasser füllen. Dieses wieder zum Kochen bringen und pro 500 g Fleisch gut 20 Minuten kochen lassen.

Bild rechts: Schinken mit Aprikosen-Glasur

Klassische amerikanische Grillrezepte

Seit den Fünfziger Jahren ist das Barbecue ein wesentlicher Bestandteil des »American Way Of Life«. Im Laufe der Jahre sind unzählige neue Rezepte entstanden, aus denen viele als regionale und nationale Klassiker und wahre Evergreens hervorgegangen und nicht mehr wegzudenken sind. Einfach wunderbar sind die Kansas-City-Spareribs mit scharfer BBQ-Sauce, das fantastische Santa-Maria-Sandwich und natürlich nicht zu vergessen der amerikanische Klassiker schlechthin – der Hamburger.

Kartoffelsticks
mit würzigem Ketchup

Gas	direkt/mittlere Hitze	
Grillkohle	direkt	
Zubereitungszeit	15 Min.	Für
plus Grillzeit	10–12 Min.	4 Personen

150 ml Ketchup
1 EL Chillisauce
2 TL Balsamico-Essig
900 g große, festkochende Kartoffeln
3 EL Olivenöl
2 sehr fein gehackte Knoblauchzehen
Salz, schwarzer Pfeffer aus der Mühle

1. Ketchup mit Chilisauce und Balsamico-Essig gut verrühren, beiseite stellen.

2. Die Kartoffeln waschen, nicht schälen, halbieren und jede Hälfte nochmals längs in 4 Stücke schneiden. In einer Schüssel das Olivenöl, Knoblauch, Salz und Pfeffer gründlich vermischen und die Kartoffelstücke darin schwenken, bis sie vollständig mit der Mischung bedeckt sind.

3. Vorsichtig die Kartoffeln auf den Grill legen, darauf achten, dass sie nicht durch den Rost fallen. Bei mittlerer Hitze 10–12 Minuten grillen, bis sie goldbraun sind, dabei einmal wenden. Für besonders knusprige Pommes während der letzten 2 Minuten der Grillzeit den Deckel abnehmen. Heiß mit dem würzigen Ketchup servieren.

Klassische Hamburger

Gas	direkt/mittlere Hitze	
Grillkohle	direkt	
Zubereitungszeit	10 Min.	Für
plus Grillzeit	12–16 Min.	4 Personen

650 g Rinderhackfleisch
2 gehackte Knoblauchzehen
½ gehackte Zwiebel
1 EL Worcestershire-Sauce
Salz, Pfeffer aus der Mühle
evtl. 200 g Cheddar-Käse in dünnen Scheiben
4 Hamburger-Brötchen

Außerdem
Zwiebelscheiben, Tomatenscheiben, Salatstreifen, Mayonnaise, Senf, Ketchup

1. In einer großen Schüssel das Hackfleisch mit Knoblauch, Zwiebel, Worcestershire-Sauce, viel Salz und Pfeffer gründlich vermischen. Aus dieser Masse 4 Burger formen.

2. Die Burger bei mittlerer Hitze 12–16 Minuten gut durchgrillen, dabei einmal wenden. Für Cheeseburger während der letzten 2–3 Minuten Käsescheiben auf die Burger legen. Die Brötchen aufschneiden und für 1–2 Minuten mit der Schnittfläche nach unten auf dem Rost toasten.

3. Zum Servieren je 1 Burger auf 1 Brötchenhälfte legen, nach Geschmack belegen und die zweite Brötchenhälfte auflegen.

Bild rechts: Klassische
Hamburger mit Kartoffelsticks

Kartoffelsticks
s. Seite 104, unten links

Buffalo-Ribs
mit Blauschimmelkäse-Dressing

Gas	indirekt / mittlere Hitze	☀
Grillkohle	indirekt	
Zubereitungszeit	20 Min. + 4 Std. Marinierzeit	Für
plus Grillzeit	30–35 Min.	4 Personen

Für die Buffalo-Ribs
50 ml Apfelessig
50 ml Olivenöl
50 ml Worcestershire-Sauce
2–3 EL Chilisauce
1 EL Zucker
1,5 kg Schweinerippe am Stück

Für das Blauschimmelkäse-Dressing
50 g milder Blauschimmelkäse
50 ml Mayonnaise
50 ml saure Sahne
1 gehackte Knoblauchzehe
½ TL Worcestershire-Sauce
evtl. 1–2 EL Milch
Salz, schwarzer Pfeffer aus der Mühle

1. Für die Marinade den Essig mit dem Olivenöl, Worcestershire-Sauce, Chilisauce nach gewünschter Schärfe und Zucker gut verrühren. Die Schweinerippe auf einen tiefen Teller legen, mit der Marinade begießen und darin wenden. Zugedeckt im Kühlschrank 4 Stunden oder über Nacht marinieren, dabei hin und wieder wenden.

2. Für das Dressing den Blauschimmelkäse grob zerkrümeln und in einer kleinen Schüssel mit Mayonnaise, saurer Sahne, Knoblauch und Worcestershire-Sauce vermischen. Sollte das Dressing zu dick sein, etwas Milch unterrühren. Mit Salz und Pfeffer würzen und bis zur weiteren Verwendung im Kühlschrank aufbewahren.

3. Die Rippchen aus der Marinade nehmen. Die Marinade in einem kleinen Topf 1 Minute sprudelnd kochen lassen, beiseite stellen.

4. Bei mittlerer Hitze die Rippchen 30–35 Minuten grillen, bis das Fleisch zart ist. Während des Grillens gelegentlich mit der gekochten Marinade bestreichen. 5 Minuten ruhen lassen, in Portionsstücke schneiden und mit dem Blauschimmelkäse-Dressing servieren.

Santa-Maria-Sandwich

Gas	indirekt/mittlere Hitze	✳ ✳
Grillkohle	indirekt	
Zubereitungszeit	45 Min. + 4–24 Std. Marinierzeit	Für
plus Grillzeit	8–15 Min.	4 Personen

Für das Fleisch
1 EL schwarzer Pfeffer aus der Mühle
2 gehackte Knoblauchzehen
1 TL gemahlene Senfkörner
1 TL Paprikapulver
1 Prise Cayennepfeffer
1 kg Rumpsteak in Scheiben, je ca. 5 cm dick

Für die Sauce
1 EL Olivenöl
1 gehackte rote Zwiebel
1 gehackte Knoblauchzehe
120 ml Geflügelfond
4 EL Ketchup
1 EL frische, gehackte Petersilie
1 EL Worcestershire-Sauce
Salz, schwarzer Pfeffer aus der Mühle
Baguette zum Servieren

Außerdem
Eichen- oder Nussbaum-Holzstücke

1. Schwarzen Pfeffer, Knoblauch, Senf, Paprikapulver und Cayenne-pfeffer gut verrühren. Das Fleisch mit der Mischung einreiben, in Folie wickeln und im Kühlschrank 4–24 Stunden marinieren.

2. Holzstücke 30 Minuten in kaltem Wasser einweichen. Für die Sauce das Olivenöl erhitzen, darin Zwiebeln und Knoblauch in 3–4 Minuten glasig dünsten. Den Geflügelfond, Ketchup, Petersi-lie, Worcestershire-Sauce und Pfeffer zugeben und zum Kochen bringen. Unter gelegentlichem Rühren köcheln lassen, bis die Sauce auf etwa 300 ml reduziert ist. In einen Mixer füllen, pürie-ren und abkühlen lassen. Bis zur weiteren Verwendung im Kühl-schrank aufbewahren, vor dem Servieren jedoch wieder auf Zim-mertemperatur bringen.

3. Mischen Sie die Holzstücke unter die Kohle, beachten Sie dabei die Packungshinweise. Das Fleisch zuerst 5 Minuten direkt bei mittlerer Hitze grillen, dabei einmal wenden. Dann indirekt bei mittlerer Hitze weiter grillen: Für Steaks rare 8–10 Minuten, 10–13 Minuten für medium, 13–15 Minuten für gut durchgebra-tenes Fleisch. Nach der Hälfte der Garzeit wenden. Das Fleisch 5 Minuten ruhen lassen und gegen die Faser in hauchdünne Scheiben schneiden. Mit Baguette und Sauce servieren.

Maiskolben

Gas	indirekt / mittlere Hitze	✳
Grillkohle	indirekt	
Zubereitungszeit	10 Min. + 30 Min. Einweichzeit	Für
plus Grillzeit	15–20 Min.	4 Personen

4 Maiskolben mit den äußeren Blättern
100 g weiche Butter

1. Die Maiskolben mit den Blättern 30 Minuten in reichlich kaltem Wasser einweichen. Die Kolben herausnehmen und trocken schütteln. Vorsichtig die Blätter zurückbiegen, ohne die Maiskörner zu beschädigen, die feinen silbrigen Haare entfernen.

2. Die Kolben mit der Butter bestreichen, die Blätter wieder um den Kolben legen und mit Küchengarn an der Spitze zusammenbinden. Bei mittlerer Hitze 15–20 Minuten gar grillen.

Maiskolben mit Chili und Koriander

1 rote Chilischote
100 g weiche Butter
1 EL frisches, gehacktes Koriandergrün

Die Chilischote entkernen und fein hacken. Alle Zutaten gut vermischen und weiter verfahren wie im Rezept für Maiskolben beschrieben.

Mais mit scharfer Sauce

2 Chilischoten
2 gehackte Zwiebeln
2 gehackte Knoblauchzehen
4 EL Zitronensaft
2 EL Ahornsirup
2 EL Sojasauce
2 EL frischer, gehackter Ingwer
½ TL Zimtpulver
1 Msp. Piment
1 Msp. Muskatnuss
6 Maiskolben ohne Blätter

1. Die Chilischoten entkernen und fein hacken. Alle Zutaten bis auf die Maiskolben gut mischen.

2. Die äußeren Blätter von den Maiskolben entfernen, die Maiskolben auf ein Stück Alufolie legen und mit der Sauce bedecken. Die Folie zu einem Päckchen schließen und bei mittlerer Hitze 15–20 Minuten grillen, bis der Mais gar ist.

Schälen Sie die Maiskolben wie Bananen, ohne jedoch die Blätter ganz zu entfernen. Mit einer Gabel dann rundum mit Butter bestreichen.

Wenn Sie die Blätter wieder um den Kolben legen, müssen sie an der Spitze zusammen gebunden werden, weil sie sich sonst öffnen, sobald die Butter schmilzt.

Unser Küchen-Tipp

Haben die Maiskolben keine Blätter mehr, wickeln Sie die gebutterten Kolben in Alufolie.

Wenn Sie die Schweineschulter nach dem Marinieren mit Küchengarn zusammenbinden, fällt das Fleisch beim Grillen nicht auseinander und trocknet auch nicht aus.

Schweinefleisch
mit Chili-Essig-Sauce

Gas	indirekt/mittlere Hitze	✹ ✹
Grillkohle	indirekt	
Zubereitungszeit	15 Min. + 30 Min. Marinierzeit	Für
plus Grillzeit	2½–3 Std.	8 Personen

Für das Schweinefleisch
2 EL Paprikapulver
2 EL Zucker
1 EL Chilipulver
1 EL gemahlener Kreuzkümmel
1½ TL schwarzer Pfeffer aus der Mühle
2 TL Salz
2 kg Schweineschulter ohne Knochen

Für die Chili-Essig-Sauce
175 ml Apfelessig
175 ml Weißweinessig
2 EL Zucker
½ TL Chilipulver
½–1 TL Tabasco
Salz, schwarzer Pfeffer aus der Mühle
16 Hamburger-Brötchen

Außerdem
Küchengarn

1. Paprikapulver, Zucker, Chilipulver, Kreuzkümmel, Pfeffer und Salz verrühren. Die Mischung über die Schweineschulter streuen und gut einreiben. 30 Minuten marinieren. Anschließend mit Küchengarn gleichmäßig umwickeln.

2. Den Braten bei mittlerer Hitze 2½–3 Stunden grillen, bis das Fleisch sehr zart ist, dabei regelmäßig wenden. Vom Grill nehmen und zugedeckt 10 Minuten ruhen lassen.

3. Währenddessen in einem Topf den Apfelessig, Weißweinessig, Zucker, Chilipulver und Tabasco zum Kochen bringen und 10 Minuten köcheln lassen, bis die Sauce um ein Drittel eingekocht ist. Mit Salz und Pfeffer abschmecken und warm stellen.

4. Das Schweinefleisch mit einem Messer oder zwei Gabeln in kleine Stücke zerteilen und gründlich mit der Pfeffer-Essig-Sauce vermischen. In den Brötchen servieren.

Kansas-City-Spareribs
mit scharfer BBQ-Sauce

Gas	indirekt / mittlere Hitze	✹ ✹
Grillkohle	indirekt	
Zubereitungszeit	5 Min. + 2 Std. Marinierzeit	Für
plus Grillzeit	1–1½ Std.	6 Personen

3 EL Salz
2 EL Paprikapulver
1 EL getrockneter, gemahlener Kreuzkümmel
1 EL getrockneter Oregano
2 TL Zwiebelsalz
1 TL Knoblauchgranulat
1 TL schwarzer Pfeffer aus der Mühle
½ TL Piment
½ TL Zimtpulver
1,5 kg Schweinerippe im Stück
Scharfe BBQ-Sauce (nach Rezept Seite 141)

1. Salz, Paprika, Kreuzkümmel, Oregano, Zwiebelsalz, Knoblauchgranulat, schwarzen Pfeffer, Piment und Zimt gründlich mischen. Das Fleisch mit der Gewürzmischung kräftig einreiben und 2 Stunden marinieren.

2. Die Schweinerippe bei mittlerer Hitze 1 – 1½ Stunden grillen. 20 Minuten vor Ende der Grillzeit mit der BBQ-Sauce bestreichen. 5 Minuten ruhen lassen, in Portionsstücke schneiden und mit der restlichen Sauce servieren.

Mexikanisches Barbecue

Gas	direkt / mittlere Hitze	✹ ✹
Grillkohle	direkt	
Zubereitungszeit	20 Min. + 3–4 Std. Marinierzeit	Für
plus Grillzeit	17–25 Min.	6 Personen

1½ Zwiebeln
175 ml Zitronensaft (von ca. 6 Zitronen)
150 ml Gemüsesaft
1 EL frische, gehackte Petersilie
2 gehackte Knoblauchzehen
Salz, schwarzer Pfeffer aus der Mühle
675 g Rumpsteak
2 rote Paprikaschoten
1 EL Olivenöl
12 Weizentortillas (20 cm Durchmesser)

Außerdem
Tomaten-Salsa zum Servieren
Guacamole (Avocado-Dip) zum Servieren

1. ½ Zwiebel hacken, mit Zitronensaft, Gemüsesaft, Petersilie und Knoblauch gut vermischen. Das Fleisch salzen und pfeffern, auf eine nichtmetallische Platte legen und mit der Marinade übergießen. 3–4 Stunden im Kühlschrank marinieren, dabei gelegentlich wenden.

2. Währenddessen die Paprika putzen und in Streifen, die Zwiebel in feine Scheiben schneiden, auf ein 45 cm breites Stück Alufolie legen. Mit dem Olivenöl beträufeln und mit Salz und Pfeffer würzen. Die Enden der Folie zusammenschlagen und ein lockeres Paket formen.

3. Das Fleisch aus der Marinade nehmen und bei mittlerer Hitze bis zum gewünschten Grad grillen: rare 10–15 Minuten, medium 15–19 Minuten. Nach der Hälfte der Grillzeit mit der Marinade bestreichen und wenden. Das Gemüse mit dem Fleisch auf den Rost legen und in 12–14 Minuten bissfest grillen.

4. Das Steak vom Grill nehmen, 5 Minuten ruhen lassen und in dünne Scheiben schneiden. Die Tortillas in Alufolie schlagen und 5 Minuten auf dem Grill erhitzen, dabei einmal wenden.

5. Das Fleisch mit Paprika und Zwiebeln in die Tortillas wickeln, mit der Salsa und Guacamole servieren.

Bild rechts: Mexikanisches Barbecue

Rumpsteak schmeckt am besten rare oder medium gegrillt. Grillen Sie es aber niemals ganz durch, da das Fleisch schnell zäh wird.

Viele Gäste begrüßen es, wenn sie ihre Tortillas am Tisch nach Belieben selber füllen können.

Gemüse

Lange Zeit war das Grillvergnügen hauptsächlich den Fleischessern vorbehalten. Für Vegetarier beschränkte sich die Auswahl auf Baked Potatoes oder Maiskolben. Doch die Zeiten haben sich geändert. Auf diesen Seiten finden Sie eine große Auswahl herrlicher Gerichte ohne Fleisch, die auch eingeschworene Fleisch-Fans begeistern werden. Gemüse hat wieder einen hohen Stellenwert in unserer Ernährung gewonnen, und Grillen ist eine besonders gute Zubereitungsmethode.

Fast jedes Gemüse kann gegrillt werden, und es benötigt kaum Zeit. Dafür erweitert es das Farbspektrum auf dem Teller und schmeckt einfach herrlich, egal, ob als Hauptgericht oder als Beilage zu Fleisch oder Fisch. Fleischlose Gerichte lassen sich schnell und kinderleicht zubereiten.

Probieren Sie einmal eine Pizza Margherita vom Grill! Ihr Boden wird schön knusprig – fast wie aus einem original italienischen Steinbackofen. Und beim Belag sind Ihrer Fantasie keine Grenzen gesetzt. Weitere köstliche Gemüserezepte: Gefüllte Paprika mit Ziegenkäse und Couscous, Kichererbsenfrikadellen mit Estragon-Mayonnaise oder auch knusprige Zwiebeln mit gegrilltem Spargel. Wer könnte da noch behaupten, Gemüse sei langweilig?

Gemüse grillen

Generell sollte Gemüse vor jeder weiteren Verarbeitung sorgfältig gewaschen und geputzt werden. Manche Sorten schmecken besser, wenn sie vor dem Grillen kurz blanchiert werden. Größere Gemüsesorten wie Paprikaschoten oder Zwiebeln können einfach auf den Rost gelegt und direkt gegrillt werden. Stücke oder kleine Gemüsearten wie zum Beispiel Champignons grillen Sie besser auf Spießen. Wenn nicht anders angegeben, sollte jedes Gemüse nach der Hälfte der Grillzeit gewendet werden. Aromatisierende Öle, Marinaden oder Saucen verfeinern jedes Gemüse! Wenn Sie Gemüse zusammen mit mariniertem Fisch oder Fleisch grillen, können Sie dieselbe Marinade zum Bestreichen verwenden und sparen sich so zusätzliche Arbeit.

Gemüse, die sich besonders gut zum Grillen eignen

Die angegebenen Zeiten beziehen sich auf knackig gegrilltes Gemüse. Wenn sie das Gemüse lieber etwas zarter mögen, verlängern sie die Grillzeit um einige Minuten.

■ **Auberginen:** Die Aubergine gründlich waschen und trocken tupfen, die Enden abschneiden und die Aubergine quer oder längs in dicke Scheiben schneiden oder achteln. Kleine Auberginen halbieren. Mit Öl bestreichen, kräftig salzen und pfeffern und direkt über mittlerer Hitze von jeder Seite 5 – 8 Minuten grillen.

■ **Champignons:** Die Pilze putzen und mit Küchenkrepp abreiben. Die Stiele abschneiden, die Köpfe mit Öl bestreichen und mit Salz und Pfeffer würzen. Direkt bei mittlerer Hitze je nach Größe 6 – 12 Minuten grillen, bis sie weich sind, dabei einmal wenden.

■ **Fenchel:** Holzige Stellen entfernen, den Fenchel waschen und vierteln oder in 4 – 5 dicke Scheiben schneiden. Mit Öl bestreichen und mit Salz und Pfeffer würzen. Bei mittlerer Hitze direkt 12 – 15 Minuten grillen, bis der Fenchel weich ist.

■ **Gemüsespieße:** Viele Gemüsesorten eignen sich für bunte Grill-Spieße. Beim Kombinieren der Gemüse müssen Sie allerdings die unterschiedlichen Garzeiten beachten. Rote, gelbe oder grüne Paprikawürfel sehen auch attraktiv zwischen Fleischwürfeln aus. Wenn sie in ähnlich große Stücke geschnitten werden, garen sie problemlos auf einem Spieß mit Fleisch oder Pute.

■ **Kartoffeln:** Kleine oder junge Kartoffeln können vorgekocht werden, bis sie gerade weich sind und dann direkt gegrillt werden, bis sie knusprig sind. Größere Kartoffeln, Süßkartoffeln oder Yamswurzeln müssen gründlich unter fließendem Wasser abgebürstet werden, dann in dicke Scheiben schneiden, mit Öl bestreichen und 10 – 12 Minuten direkt bei mittlerer Hitze grillen. Große ganze Kartoffeln ergeben wunderbare »Baked Potatoes«, wenn man sie nach dem Waschen in Alufolie wickelt und indirekt bei mittlerer Hitze 50 Minuten – 1 Stunde grillt.

■ **Knoblauch:** Knoblauchzehen schälen und mit anderen Zutaten abwechselnd auf Spieße stecken. Sie können die Knollen auch halbieren und direkt bei mittlerer Hitze in 8 – 10 Minuten weich grillen. Ganze Knollen können in Alufolie gepackt in 45 – 50 Minuten indirekt bei mittlerer Hitze gegrillt werden.

■ **Kürbis:** Wenige Kürbissorten, wie Rondini oder Patisson, werden ungeschält verzehrt. Je nach Größe im Ganzen belassen oder längs halbieren, mit Öl bestreichen und von jeder Seite 5–7 Minuten grillen. Andere Kürbissorten können genauso zubereitet werden, nach dem Grillen darf aber nur das Fruchtfleisch verzehrt werden.

■ **Lauch:** Verwenden Sie nur kleine oder mittelgroße Lauchstangen. Das Wurzelende und den oberen dunkelgrünen Teil abschneiden, die äußere Haut abziehen und den Lauch längs halbieren. Waschen, mit Küchenpapier trocken tupfen und direkt bei mittlerer Hitze 12–15 Minuten weich grillen.

■ **Maiskolben:** Siehe klassische amerikanische Grillrezepte, Seite 110.

■ **Paprikaschoten:** Die Paprika gründlich waschen und trocken tupfen. Entweder halbieren oder vierteln und das Kerngehäuse herausschneiden. Mit Öl bestreichen und je nach Größe 6–8 Minuten direkt bei mittlerer Hitze grillen. Um die Paprika im Ganzen zu grillen, waschen, trocken tupfen und dünn mit Olivenöl bestreichen. Bei mittlerer Hitze indirekt 15–20 Minuten grillen, bis die Schote außen leicht gebräunt ist und die Haut aufplatzt. Etwas abkühlen lassen und die Haut ganz abziehen.

■ **Radicchio:** Diese robuste Salatsorte verträgt die Hitze auf dem Grill gut. Den Kopf waschen, vierteln, die Schnittflächen mit Öl bestreichen und indirekt bei mittlerer Hitze 6–8 Minuten grillen, dabei einmal wenden.

■ **Spargel:** Schälen und die holzigen Enden abschneiden. Die Spargelstangen direkt bei mittlerer Hitze 8–10 Minuten grillen, bis sich ein dekoratives Grillmuster bildet. Der Spargel sollte noch Biss haben.

■ **Tomaten:** Die Früchte halbieren und direkt bei starker Hitze 6–8 Minuten grillen.

■ **Zucchini:** Die Zucchini gründlich waschen und trocken tupfen, die Enden abschneiden und die Zuchini längs halbieren. Sehr dicke Zucchini können auch in 3 Scheiben geschnitten werden. Mit Öl bestreichen, kräftig salzen und pfeffern und direkt bei mittlerer Hitze von jeder Seite 4–8 Minuten grillen.

■ **Zwiebeln:** Zwiebeln passen besonders gut zu Spießen. Große Knollen schälen und vierteln. Die Stücke abwechselnd mit anderen Zutaten auf Spieße stecken. Kleine Zwiebeln schälen und vor dem Aufstecken kurz blanchieren. Frühlingszwiebeln putzen, waschen und die weißen und hellgrünen Abschnitte in 2–3 cm lange Stücke schneiden, dann aufspießen.

Die Champignons saugen sehr viel Öl auf, deswegen müssen die Spieße rundum gut mit Öl bestrichen werden!

Unser Küchen-Tipp

Holloumi-Käse zerläuft im Gegensatz zu anderen Käsesorten nicht, wenn er erhitzt wird. Sollten Sie keinen Halloumi-Käse bekommen, können Sie milden Schafskäse in Würfelchen schneiden, in Alufolie grillen und separat zu den Spießen servieren.

Champignon-Kartoffel-Halloumi-Spieße mit Erdnuss-Sauce

Gas	direkt/mittlere Hitze	✳ ✳
Grillkohle	direkt	
Zubereitungszeit	45 Min.	Für
plus Grillzeit	10 Min.	4 Personen

Für die Spieße
12 kleine fest kochende Kartoffeln
2 Knoblauchzehen
375 g Halloumi-Käse
8 Champignonköpfe
8 Lorbeerblätter
Öl zum Bestreichen
Salz, schwarzer Pfeffer aus der Mühle

Für die Erdnuss-Sauce
1 rote Chilischote
100 g Erdnussbutter mit Nussstückchen
3 EL Sesamöl
1 gehackte Knoblauchzehe
1 EL süße Chilisauce
6 EL warmer Gemüsefond
2 TL Zucker
2 TL dunkle Sojasauce
1 EL Zitronensaft
1 EL Sesamsamen

1. Kartoffeln gründlich waschen und mit Wasser bedeckt in 15–20 Minuten weich kochen. Abgießen und dann vollständig auskühlen lassen.

2. Den Knoblauch in feine Stifte schneiden. Jede Kartoffel mehrmals einstechen und die Knoblauchstifte in die Hohlräume stecken.

3. Den Käse in 12 Stücke schneiden. Die Champignons putzen und mit Küchenkrepp abreiben. Die Knoblauchkartoffeln, Käse, Champignons und Lorbeerblätter auf 4 Spieße verteilen, mit Öl bestreichen, salzen, pfeffern und beiseite stellen.

4. Für die Sauce die Chilischote entkernen und fein hacken. Die Erdnussbutter im Wasserbad zum Schmelzen bringen. Das Sesamöl erhitzen, Chili darin 1 Minute sanft andünsten. Zusammen mit Knoblauch, Chilisauce, Gemüsefond, Zucker, Sojasauce und Zitronensaft unter die warme Erdnussbutter rühren und warm stellen.

5. Die Spieße bei mittlerer Hitze von beiden Seiten 5 Minuten grillen, bis das Gemüse weich und der Käse golden ist. Die Spieße anrichten, mit der warmen Sauce beträufeln und mit Sesam bestreuen.

Gegrillter Spargel
mit Rucola und Parmesan

Gas	direkt / mittlere Hitze		☀ ☀
Grillkohle	direkt		
Zubereitungszeit	15 Min.	Für	
plus Grillzeit	3 Min.	4 Personen	

ca. 24 Stangen grüner Spargel
ca. 1 EL Olivenöl für den Spargel
3 EL Olivenöl
2 EL Balsamico-Essig
Salz, schwarzer Pfeffer aus der Mühle
175 g Rucola
1 Bund Basilikum
75 g frisch gehobelter Parmesan

1. Vom Spargel das untere Drittel schälen und die holzigen Enden abschneiden.

2. Den Spargel dünn mit Öl bepinseln und auf den Grillrost legen. Bei mittlerer Hitze 2–3 Minuten grillen, dabei einmal wenden und abkühlen lassen.

3. Das Olivenöl mit Balsamico-Essig, Salz und Pfeffer verrühren. Rucola und Basilikumblätter waschen, trocken schütteln und mit dem Spargel mischen.

4. Kurz vor dem Servieren das Balsamico-Dressing auf den Salat träufeln und mit Parmesan dekorieren.

Kichererbsenfrikadellen
mit Estragon-Mayonnaise

Gas	direkt / mittlere Hitze		☀ ☀
Grillkohle	direkt		
Zubereitungszeit	35 Min. + 1 Std. Kühlzeit	Für	
plus Grillzeit	12 Min.	4 Personen	

450 g Kichererbsen aus der Dose
100 g Pinienkerne
5 EL Olivenöl
1–2 gehackte Zwiebeln
1 gehackte Knoblauchzehe
1 Möhre
2 EL gehackte Petersilie
1 EL Tomatenmark
1 EL grobkörniger Senf
1 Ei
Salz, schwarzer Pfeffer aus der Mühle
2 kleine Zwiebeln
1 EL frischer, gehackter Estragon
4 EL Mayonnaise

1. Die Kichererbsen abtropfen lassen und mit einer Gabel leicht zerdrücken. In einer Pfanne die Pinienkerne ohne Öl anrösten, bis sie duften, zu den Kichererbsen geben und beiseite stellen.

2. 1 EL Olivenöl erhitzen, Zwiebeln und Knoblauch darin 2–3 Minuten glasig dünsten und zu den Kichererbsen geben. Die Möhre putzen, reiben und mit Petersilie, Tomatenmark, Senf, Ei, Salz und Pfeffer zu den Kichererbsen geben. Alles kräftig vermengen.

3. Die Mischung in 4 Portionen teilen und zu Frikadellen formen. Mindestens 1 Stunde im Kühlschrank fest werden lassen.

4. Währenddessen die Zwiebeln in dünne Scheiben schneiden. Das restliche Öl in einer kleinen Pfanne erhitzen und die Zwiebelscheiben darin 8–10 Minuten braten, bis sie golden und knusprig sind. Auf Küchenpapier abtropfen lassen und beiseite stellen. Den Estragon unter die Mayonnaise rühren.

5. Den Grillrost mit etwas Öl bestreichen und die Frikadellen bei mittlerer Hitze in 10–12 Minuten goldbraun grillen, dabei einmal wenden. Auf einem Teller je eine Frikadelle mit einem Klacks Estragon-Majonnaise anrichten und mit den knusprigen Zwiebelscheiben bestreuen.

Bild links: Gegrillter Spargel mit Rucola und Parmesan

Gegrillte Paprika
mit Ziegenkäse und Couscous

Gas	direkt/mittlere Hitze	☀
Grillkohle	direkt	
Zubereitungszeit	25 Min.	Für
plus Grillzeit	10 Min.	4 Personen

16 schwarze Oliven ohne Stein
100 g Instant-Couscous
300 ml heißer Gemüsefond
25 g Butter
1 EL frische, gehackte Petersilie
2 gehackte Knoblauchzehen
Salz, schwarzer Pfeffer aus der Mühle
4 rote Paprikaschoten
4 kleine Tomaten
200 g Ziegenkäse
Olivenöl zum Bestreichen

1. Die Oliven hacken. Den Couscous in einer Schüssel mit dem heißen Gemüsefond übergießen. 5 Minuten ziehen lassen, bis der Couscous den Fond aufgesogen hat. Dann die Butter, Petersilie, Knoblauch, Oliven, Salz und Pfeffer zugeben und alles mit einer Gabel vermischen.

2. Die Paprikaschoten halbieren, die Kerne und die weißen Seitenstränge entfernen. Die Tomaten ebenfalls halbieren und je 1/2 Tomate in eine Paprikahälfte legen. Die Couscous-Mischung um die Tomaten herum verteilen.

3. Den Ziegenkäse in 8 Scheiben schneiden und jede Paprika mit 1 Käsescheibe belegen.

4. Die Außenseite der Paprika mit Olivenöl bestreichen und bei mittlerer Hitze 8–10 Minuten grillen, bis die Paprika weich sind, und die Haut leichte Blasen wirft. Mit Salat servieren.

Gemüsesandwich

Gas	direkt/mittlere Hitze	☀
Grillkohle	direkt	
Zubereitungszeit	15 Min.	Für
plus Grillzeit	16 Min.	4 Personen

2 rote Paprikaschoten
1 Aubergine
4 mittelgroße Champignons
50 ml Olivenöl
Salz, schwarzer Pfeffer aus der Mühle
2 EL Balsamico-Essig
4 Ciabatta-Brötchen
120 g Mascarpone
Basilikum zum Garnieren

1. Die Paprika putzen und vierteln, die Aubergine in etwa 1 cm dicke Scheiben schneiden. Die Pilze putzen und mit Küchenkrepp abreiben. Paprika, Auberginen und Pilze mit Olivenöl bestreichen. Die Paprika bei mittlerer Hitze 2–3 Minuten grillen. Dann die Champignons und die Auberginen ebenfalls auf den Rost legen und alles zusammen weitere 8–10 Minuten grillen, bis das Gemüse weich ist. Dabei mehrmals wenden.

2. Das gegrillte Gemüse in eine große Schüssel füllen, mit Salz und Pfeffer würzen, mit Balsamico-Essig beträufeln und beiseite stellen.

3. Die Brötchen aufschneiden und von beiden Seiten grillen. Die untere Hälfte der Brötchen mit Mascarpone bestreichen, das Gemüse darauf verteilen und mit Basilikum garnieren. Die oberen Brötchenhälften wieder aufsetzen und noch heiß servieren.

Bild links: Gemüsesandwich
Bild rechts: Gegrillte Paprika

Die Größe von Fleischtomaten variiert sehr stark. Wenn Sie Füllung übrig haben, können Sie damit weitere Tomaten füllen.

Gefüllte Tomaten
mit Salsa verde

Gas	indirekt/mittlere Hitze	✹ ✹
Grillkohle	indirekt	
Zubereitungszeit	50 Min.	Für
plus Grillzeit	8–10 Min.	6 Personen

Für die Tomaten
400 g weiße Bohnenkerne (aus der Dose)
2–3 getrocknete Tomaten in Öl
2–4 Spritzer Tabasco
1 gehackte Knoblauchzehe
250 g Champignons
2 EL Olivenöl
1 gehackte Zwiebel
Salz, schwarzer Pfeffer aus der Mühle
3 EL frische, gehackte Petersilie
12 Fleischtomaten
Öl zum Bestreichen

Salsa verde
½ Bund Petersilie
2–3 Stängel Minze
3 EL Kapern
1 gehackte Knoblauchzehe
1 EL Dijon-Senf
Saft von ½ Zitrone
120 ml Olivenöl

1. Die Bohnenkerne abbrausen, abtropfen lassen und in einer Schüssel mit der Gabel leicht zerdrücken. Die getrockneten Tomaten ganz fein hacken, mit den Bohnen, Tabasco und Knoblauch gut vermischen.

2. Die Champignons putzen, mit Küchenkrepp abreiben und im Mixer fein zerkleinern. Die gehackte Zwiebel im heißen Öl 6–7 Minuten dünsten. Die Champignons zugeben und weitere 10 Minuten unter Rühren köcheln lassen, bis die Flüssigkeit verdampft ist. Die Bohnenmischung unterrühren, salzen und pfeffern, Petersilie untermischen und beiseite stellen.

3. Von den Tomaten einen Deckel abschneiden. Die Tomaten aushöhlen und innen mit Salz und Pfeffer würzen. Die Bohnen-Champignon-Mischung in die Tomaten füllen. Die Deckel wieder aufsetzen. Jede Tomate mit etwas Öl bestreichen und bei mittlerer Hitze 8–10 Minuten grillen, bis die Füllung heiß und das Fruchtfleisch weich ist.

4. Für die Salsa verde die Kräuter waschen, trocken schütteln und die Blättchen abzupfen. Alle Zutaten pürieren, bis eine grobe Paste entstanden ist. Mit den heißen gefüllten Tomaten servieren.

Klassische Pizza
Margherita

Gas	direkt/mittlere Hitze		☀
Grillkohle	direkt		
Zubereitungszeit	40 Min. + 45 Min. Ruhezeit	Für	
plus Grillzeit	8 Min.	4 Personen	

Für den Teig
2 TL Trockenhefe
1 TL Zucker
350 g Mehl
1 TL Salz
1–2 EL Olivenöl

Für den Belag
2 EL Olivenöl
½ gehackte Zwiebel
1 gehackte Knoblauchzehe
1 Packung passierte Tomaten (500 g)
½ TL getrockneter Oregano
2 TL Zucker
Salz, schwarzer Pfeffer aus der Mühle
Olivenöl zum Bestreichen
250 g Büffel-Mozzarella
1 Bund Basilikum

1. Hefe, Zucker, Mehl und Salz verrühren. Eine Mulde in die Mitte drücken, 200 ml warmes Wasser und das Olivenöl zugießen und unterrühren. Auf einer bemehlten Arbeitsfläche den Teig kneten, bis er glatt ist und zu einer Kugel formen. Zugedeckt 30–45 Minuten an einem warmen Platz gehen lassen, bis der Teig seine Größe verdoppelt hat.

2. Währenddessen für den Belag das Olivenöl erhitzen, Zwiebeln und Knoblauch darin 2–3 Minuten glasig dünsten. Tomaten und Oregano zugeben, den Deckel auflegen und 10 Minuten bei schwacher Hitze köcheln lassen. Zucker, Salz und Pfeffer unterrühren und ohne Deckel weitere 10 Minuten kochen, bis die Sauce leicht eingedickt ist.

3. Den Teig nochmals kräftig durchkneten und in 2 Hälften teilen. Jede Hälfte zu einem Fladen von ca. 25 cm ⌀ ausrollen, eine Seite mit Olivenöl bestreichen.

4. Vorsichtig die Pizzafladen mit der eingeölten Seite nach unten auf den Grillrost gleiten lassen. Direkt bei mittlerer Hitze 2–3 Minuten grillen, bis sich das klassische Grillmuster abzeichnet und mit der gegrillten Seite nach oben auf ein Backblech legen.

5. Je die Hälfte der Tomatensauce auf jeden Fladen verteilen. Den Mozzarella in Scheiben schneiden und die Pizza damit belegen.

Da die Hitze von unten kommt, schmilzt der Käse ohne braun zu werden.

Den Grillrost mit Öl bestreichen und die Pizza wieder auf den Grill legen. Weitere 3–4 Minuten backen, bis der Käse geschmolzen ist. Basilikum waschen, trocken schütteln und die Blättchen abzupfen. Pizza vom Grill nehmen und mit Basilikum bestreuen. Pro Person eine halbe Pizza servieren.

Unser Küchen-Tipp

Wenn Sie nicht so viel Zeit haben, nehmen Sie eine Backmischung für Pizzateig und bereiten Sie diese nach Packungsanweisung zu.

Salate,
Saucen
und mehr

Ein knackig-frischer Salat ist der ideale Begleiter zu gegrilltem Fleisch, Geflügel und Fisch. Genießen Sie ein saftiges Steak zu Kartoffel-Dill-Kapernsalat oder den gegrillten Fisch mit gemischtem Blattsalat und Sommerkräutern.

Bei Kopfsalat & Co. geben Sie das Dressing so spät wie möglich über den Salat, damit die Blätter knackig bleiben. Sie können auch das Dressing zuerst in der Salatschüssel anrühren, die Salatblätter und Gemüse darauf geben und erst unmittelbar vor dem Servieren alles mischen.

Probieren Sie auch schnell und einfach zubereitet Saucen und Relishs. Der hier beschriebene Kochstil ist jung und modern und erinnert in keiner Weise an die traditionellen, eher komplizierten und aufwendigen Chutneys.

Reichen Sie doch einmal grüne Chilisauce, scharf-süße Fruchtsauce oder eine traditionelle Barbecuesauce (BBQ-Sauce) zum Barbecue.

Der Zeitaufwand für solche Extras ist minimal, Sie können alles in Ruhe vorbereiten, um sich dann ganz relaxed dem Grillen widmen zu können.

Beilagen-Salate

Je größer die Auswahl gegrillter Hauptspeisen desto verlockender erscheint es, auf leckere Beilagensalate zu verzichten, um sich bei den Vorbereitungen Arbeit zu ersparen. Doch wer denkt, ein simpler gemischter Salat reicht aus, irrt. Knackig frische Salate dürfen als perfekte Begleiter zu Fisch-, Geflügel- und Fleischgerichten bei keinem Barbecue fehlen. Sie bilden farblich und aufgrund ihres Aromas einen reizvollen Kontrast zu den gegrillten Speisen.

Zudem stecken die frischen Gemüse und Salate der Saison voller Vitalstoffe und benötigen Salate nur kurze Zubereitungszeiten.

Neben Salaten bringen auch Saucen und Relishs in jeder erdenklichen Geschmacksnote Abwechslung ins Barbecue. Ganz gleich, ob fruchtig, scharf, würzig oder mild, Saucen und Relishs dürfen einfach nicht fehlen.

Kartoffel-Dill-Kapern-Salat

1,5 kg fest kochende Kartoffeln
Salz
1 gehackte rote Zwiebel
2–3 EL frischer, gehackter Dill
4 EL gehackte Kapern
4 EL Schmand
4 EL Mayonnaise
Salz, schwarzer Pfeffer aus der Mühle

1. Die Kartoffeln waschen, schälen und in Würfel schneiden. In gesalzenem Wasser in 10–12 Minuten weich kochen, abgießen und abkühlen lassen. Die kalten Kartoffelwürfeln zusammen mit den Zwiebelwürfeln, Dill und Kapern in eine Schüssel füllen.

2. Den Schmand unter die Mayonnaise rühren und diese über die Kartoffeln geben. Mit Salz und Pfeffer kräftig würzen und alles vorsichtig verrühren.

Alle Salate für 6 Personen

Gemischter Bohnensalat
mit Feta

400 g grüne Bohnen, frisch oder tiefgekühlt
300 g Saubohnen (aus der Dose)
300 g weiße Bohnen (aus der Dose)
200 g gewürfelter Schafkäse
2 gehackte Knoblauchzehen
1 gehackte Schalotte
2 EL frische, gehackte Petersilie
4 EL Olivenöl
1 EL Zitronensaft
Salz, schwarzer Pfeffer aus der Mühle

1. Die grünen Bohnen waschen, putzen und in Salzwasser 15–20 Minuten kochen, sie müssen noch Biss haben. Die Saubohnen und die weißen Bohnen nacheinander gut abtropfen lassen. Die grünen Bohnen abgießen, unter kaltem Wasser abschrecken, abtropfen lassen und mit den Saubohnen mischen.

2. Die weißen Bohnen, Schafkäse, Knoblauch, Schalotten und Petersilie dazugeben. Das Öl mit dem Zitronensaft verrühren und über die Bohnen gießen. Salzen, pfeffern und alles vorsichtig vermischen.

Bild links: Gemischter Bohnensalat mit Feta
Bild rechts: Kartoffel-Dill-Kapern-Salat

Verwenden Sie vorzugs-
weise Saisongemüse:
Es ist besonders
vitalstoffreich und
außerdem günstig.

Paprika, Zwiebeln und Tomaten sind typische Zutaten in der Mittelmeer-Küche.

Mediterraner Salat
mit Croûtons

Gas	direkt / mittlere Hitze	☀
Grillkohle	direkt	
Zubereitungszeit	20 Min.	Für
plus Grillzeit	15 Min	6 Personen

Öl zum Bestreichen
2 rote Paprikaschoten
2 gelbe Paprikaschoten
1 Bund Frühlingszwiebeln
6 Scheiben Toastbrot
8 EL Olivenöl
750 g Tomaten
9 Sardellenfilets
100 g junge Spinatblätter
2 gehackte Knoblauchzehen
1 EL Dijon-Senf
2 EL Weißweinessig
Salz, schwarzer Pfeffer aus der Mühle

1. Den Grillrost mit etwas Öl bestreichen. Die roten und gelben Paprikaschoten direkt über mittlerer Hitze 10 Minuten grillen, bis sie dunkel werden, dabei gelegentlich wenden. Das obere Grün der Frühlingszwiebeln abschneiden, die weißen Teile putzen, auf den Rost legen und zusammen mit den Paprika weitere 4–5 Minuten grillen, dabei einmal wenden.

2. Die heißen Paprikaschoten in eine Schüssel legen, mit Folie abdecken und auskühlen lassen. Die Frühlingszwiebeln in Streifen schneiden und in eine große Schüssel geben. Die Haut der erkalteten Paprikaschoten abziehen, das Kerngehäuse entfernen, das Fruchtfleisch in Streifen schneiden und unter die Frühlingszwiebeln mischen.

3. Das Toastbrot in ca. 1 cm große Würfel schneiden. In einer großen Pfanne 4 EL Öl erhitzen und die Brotwürfel hineingeben. 5–6 Minuten braten und die Pfanne gelegentlich schütteln, bis alle Würfel rundherum golden gebräunt sind. Auf Küchenpapier abkühlen lassen.

4. Die Tomaten waschen, achteln. Die Sardellenfilets klein schneiden, zusammen mit den Tomaten und den Spinatblättern vorsichtig unter den Paprika-Zwiebel-Salat mischen.

5. Den Knoblauch mit Dijon-Senf, Essig, Salz, Pfeffer und dem restlichen Olivenöl verrühren und über den Salat gießen. Die Croûtons darüber streuen.

Würziger Couscous-Salat
mit Pinienkernen und Rosinen

50 g Pinienkerne
25 g Butter
je 1 gestr. TL gemahlener Kreuzkümmel, Zimt- und Koriander-
pulver, Nelkenpfeffer (Piment)
2 TL Zucker
450 ml Gemüsefond (aus dem Glas)
350 g Instant-Couscous
100 g Rosinen
3 EL frisches, gehacktes Koriandergrün
Salz, schwarzer Pfeffer aus der Mühle

In einer beschichteten Pfanne die Pinienkerne ohne Öl 1–2 Minuten golden rösten, beiseite stellen. Die Butter schmelzen, den
Kreuzkümmel, Zimt, Koriander, Piment und Zucker zugeben und
bei schwacher Hitze 1–2 Minuten dünsten. Den Gemüsefond
zugießen, zum Kochen bringen und den Couscous einrühren. Den
Deckel schließen und auf der ausgeschalteten Herdplatte 5 Minuten ziehen lassen, bis der Couscous aufgequollen ist. Mit einer
Gabel die Pinienkerne, Rosinen, Koriander, Salz und Pfeffer
unterrühren. Warm oder kalt servieren

Tomaten
mit Basilikum und Mozzarella

350 g kleine Eiertomaten
350 g Cocktailtomaten
450 g Büffel-Mozzarella
1 Bund Basilikum
1 EL Balsamico-Essig
2 EL Olivenöl
Salz, schwarzer Pfeffer aus der Mühle

Je die Hälfte der Eiertomaten und Cocktailtomaten halbieren, die
restlichen Tomaten im Ganzen belassen. Den Mozzarella in Scheiben schneiden. Basilikum waschen, trocken schütteln und die
Blätter abzupfen. Alles vorsichtig mischen oder dekorativ auf
einer großen Platte anrichten. Den Balsamico-Essig mit Olivenöl,
Salz und Pfeffer verrühren und über den Salat träufeln.

Waldorfsalat

6 rote Äpfel
6 Stangen Sellerie
75 g gehackte Walnusskerne
240 ml Mayonnaise
2 EL Zitronensaft
Salz, schwarzer Pfeffer aus der Mühle
2 Chicorée
2 Kopfsalatherzen

1. Die Äpfel schälen, das Kerngehäuse entfernen und das Fruchtfleisch in kleine Würfel schneiden. Den Sellerie putzen, waschen,
schälen und in dicke Scheibchen schneiden, mit den Walnuss-
stücken und den Äpfeln mischen.

2. Die Mayonnaise mit dem Zitronensaft, Salz und Pfeffer zu einer
glatten Masse verrühren. Zu der Apfel-Sellerie-Mischung geben
und alles vorsichtig mischen.

3. Chicorée und Salatherzen waschen, putzen, Blätter jeweils
abzupfen, halbieren und in einer Schüssel vermischen. Den Apfel-
Sellerie-Salat darauf verteilen und mit einigen Sellerieblättchen
dekoriert servieren.

Gemischter Blattsalat
mit Sommerkräutern

75 g Blattspinat
1 Bund Rucola
75 g Kopfsalatherzen
je ½ Bund Basilikum, Kerbel, Schnittlauch, glatte Petersilie
1 gehackte Knoblauchzehe
2 EL Zitronensaft
4 EL Olivenöl
Salz, schwarzer Pfeffer aus der Mühle

1. Spinat, Salat und Kräuter verlesen, waschen und trocken-
schleudern. Salate zupfen, die Kräuter ohne die Stiele hacken,
alles in einer großen Schüssel gut mischen.

2. Knoblauch, Zitronensaft und Olivenöl verrühren, kräftig salzen
und pfeffern und kurz vor dem Servieren über den Salat träufeln.

Bild rechts: Waldorfsalat
Bild links: Würziger Couscous-Salat

Saucen

Scharfes Tomatenrelish

500 g Eiertomaten
2 EL Olivenöl
1 gehackte Schalotte
1 gehackte Knoblauchzehe
½ TL Chilipulver
½ TL Zucker
2 EL frisches, gehacktes Koriandergrün
Salz, schwarzer Pfeffer aus der Mühle

1. Mit einem scharfen Messer den Stielansatz der Tomaten herausschneiden und die Haut am Boden kreuzförmig einritzen. Mit kochendem Wasser überbrühen, einige Minuten darin belassen, herausnehmen und häuten.

2. Die Tomaten halbieren, die Kerne entfernen, das Fleisch in kleine Würfel schneiden, beiseite stellen.

3. In einem Topf das Öl erhitzen, Schalotten und Knoblauch darin 1–2 Minuten anbraten. Chili zufügen, nach 1 Minute die Hitze reduzieren und in weiteren 5–6 Minuten hell anschwitzen. Die Tomatenwürfel und den Zucker unterrühren und alles 1–2 Minuten köcheln lassen. Von der Kochstelle nehmen und abkühlen lassen. Den gehackten Koriander einrühren, salzen und pfeffern.

Das abgekühlte Relish zu Steaks, Bratwürsten, Hähnchen oder Fisch servieren.

Asiatische Sauce

120 ml Hoisin-Sauce (dunkle Sojasauce)
120 ml Sojasauce
½ TL Sesamöl

Alle Zutaten in einen kleinen Topf geben, zum Kochen bringen und sofort wieder von der Kochstelle nehmen.

Bild S. 141 oben: Meerrettich-Rote-Bete-Relish
Bild S. 141 Mitte: Grüne Chilisauce
Bild S. 141 unten: Scharfes Tomatenrelish

Meerrettich-Rote-Bete-Relish

200 g gekochte rote Bete
150 g geriebener Meerrettich
2 EL Weißweinessig
1 EL Zucker
Salz, schwarzer Pfeffer aus der Mühle

Die rote Bete grob hacken, mit dem geriebenen Meerrettich, Essig, Zucker, Salz und Pfeffer in eine Schüssel geben. Gut vermischen und mindestens 30 Minuten ziehen lassen, damit sich die Aromen gut verbinden.

Zu Rindfleisch oder Fisch servieren.

Grüne Chilisauce

1 große grüne Chilischote
1 gehackte Knoblauchzehe
Saft von 1 Limette
1–2 EL frisches, gehacktes Koriandergrün
50 g Schmand
50 g Mayonnaise
Salz, schwarzer Pfeffer aus der Mühle

1. Die Chilischote bei mittlerer Hitze 3–4 Minuten grillen, einmal wenden und abkühlen lassen. Den Stielansatz und die Kerne entfernen und grob hacken.

2. In einem Mixer Chili, Knoblauch, Limettensaft und Koriander kurz mixen. Schmand, Mayonnaise, Salz und Pfeffer zugeben und mixen, bis eine glatte Paste entstanden ist.

Zu gegrilltem Schweinefleisch oder Hähnchen servieren.

Unser Küchen-Tipp

Die Asiatische Sauce passt hervorragend zu gegrillter Ente, Hähnchen, Rind und Schweinefleisch. Das Fleisch kann auch während der letzten 10 Minuten der Grillzeit damit bestrichen werden. Die Sauce hält sich abgedeckt im Kühlschrank bis zu 2 Wochen.

Scharf-süße Fruchtsauce

200 g Aprikosen (im eigenen Saft, aus der Dose)
200 g Pfirsiche (im eigenen Saft, aus der Dose)
3 EL Zitronensaft
2 EL Öl
1 gehackte Zwiebel
1 gehackte Knoblauchzehe
1 rote Chilischote
1–2 EL frisch geriebener Ingwer
50 g Zucker
2 EL dunkle Sojasauce
75 ml Weißweinessig
2 EL Tomatenmark
Salz, schwarzer Pfeffer aus der Mühle

1. Die Aprikosen und Pfirsiche abgießen, den Saft auffangen.
Die Früchte mit 3 EL des Fruchtsafts und dem Zitronensaft zu
einem glatten Mus pürieren.

2. Das Öl erhitzen, Zwiebeln und Knoblauch darin 4–5 Minuten
weich dünsten. Die Chilischote entkernen und hacken. Ingwer und
Chili dazugeben und 3–4 Minuten bei schwacher Hitze dünsten.

3. Das Fruchtmus in den Topf geben, Zucker, Sojasauce, Essig,
Tomatenmark, Salz und Pfeffer unterrühren. 20 Minuten köcheln
lassen, bis die Sauce leicht eingedickt ist.

Kalt zu Hähnchen, Lamm, Schweinefleisch, Gemüse oder
Meeresfrüchten reichen.

Barbecuesauce (BBQ-Sauce)

1 TL Salz
200 g Zucker
80 ml Rinderfond
12 ml Dijonsenf
10 ml Weißweinessig
12 ml Worcestershire-Sauce
250 passierte Tomaten
1½ TL Chilipulver

1. Alle Zutaten in einen großen, schweren Topf geben und zum
Kochen bringen. Ohne Deckel 1–2 Stunden leise köcheln lassen,
bis die Sauce eingedickt ist. Häufig umrühren und etwas Wasser
zugeben, falls sie zu dick wird.

2. Jeweils während der letzten 5 Minuten der Grillzeit das Fleisch
mit der Sauce einstreichen und den Rest der BBQ-Sauce als Dip
servieren.

Nachspeisen

Lassen Sie heiße Sommertage und laue Herbstabende mit
einem Dessert von heißen Beeren der Saison, knusprig-
süßen Meringen und kalter, zart schmelzender Eiscreme
ausklingen. Verführen Sie Ihre Gäste mit gefüllten Meringen und Honigpflaumen oder cremigem Erdbeereis vom
Grill. Andere süße Schlemmereien lassen sich hervorragend vorbereiten, z. B. Kirsch-Mandel-Streusel oder ein
Birnen-Ingwer-Pudding, der unbeaufsichtigt im Ofen
garen kann, während Sie den Abend mit Ihren Gästen
verbringen.

Obst grillen

Am besten eignen sich weiche Obstsorten zum Grillen, aber auch Äpfel oder Birnen gelingen hervorragend. Viele Barbecue-Fans bevorzugen allerdings exotische Früchte wie Ananas, Bananen und Mangos. Für welche Früchte Sie sich auch entscheiden, reinigen Sie zunächst den Grillrost gründlich, besonders, wenn Sie zuvor Fleisch oder Fisch gegrillt haben, und streichen Sie ihn mit etwas geschmacksneutralem Öl ein. Lassen Sie das Obst immer nur so lange auf dem Rost, bis der natürlich enthaltene Zucker karamellisiert ist. Pfirsiche und Äpfel können auch als Beilage zu Fleisch und Fisch gegrillt werden, die meisten Früchte schmecken allerdings als heißes Dessert mit kalt schmelzender Eiscreme besser.

Obst, das sich zum Grillen eignet

■ **Ananas:** Das Fruchtfleisch in Scheiben schneiden. Das Herzstück ausstechen oder die Scheiben vierteln und das Innere mit einem kleinen Messer entfernen. Bei mittlerer Hitze 6–10 Minuten direkt grillen.

■ **Äpfel:** Die Äpfel waschen, trocken tupfen, halbieren, das Kerngehäuse entfernen und bei mittlerer Hitze 15–20 Minuten indirekt grillen. Ganze Äpfel können bei mittlerer Hitze indirekt in 35–40 Minuten gegrillt werden.

■ **Aprikosen:** Die Früchte waschen, trocken tupfen, halbieren und den Stein entfernen. Auf Spieße stecken und mit der Schnittfläche nach unten 6–8 Minuten über mittlerer Hitze direkt grillen.

■ **Bananen:** Halbieren Sie die Bananen längs in der Schale und grillen Sie sie mit der Schnittfläche nach unten 1 Minute direkt bei mittlerer Hitze an. Wenden und in 6–8 Minuten fertig grillen.

■ **Birnen:** Auf Wunsch schälen. Die Birnen halbieren oder vierteln, das Kerngehäuse entfernen und mit der Schnittfläche nach unten bei mittlerer Hitze 10–14 Minuten direkt grillen.

■ **Erdbeeren:** 4–5 Minuten bei mittlerer Hitze indirekt grillen.

■ **Feigen:** siehe Rezept Seite 149.

■ **Fruchtspieße:** Schneiden Sie Ihre Lieblingsfrüchte in etwa gleich große Stücke. Verwenden Sie Spieße aus Holz oder Bambus, denn auf Metallspießen verrutschen die Früchte leicht. Die Spieße vor der Verwendung mindestens 30 Minuten in kaltem Wasser einweichen. Den Grillrost mit etwas Öl bestreichen und die Spieße bei mittlerer Hitze von beiden Seiten auf direkte Weise jeweils 3–4 Minuten grillen. Während des Grillens können die Spieße noch mit einer Mischung aus Honig und Zitronensaft (im Verhältnis 1:1) bestrichen werden.

■ **Mango:** Die Frucht halbieren, den Kern entfernen und das Fruchtfleisch in dicke Scheiben schneiden. Bei mittlerer Hitze 6–8 Minuten direkt grillen.

■ **Nektarinen:** Die Früchte waschen, trocken tupfen, längs halbieren, den Stein entfernen und mit der Schnittfläche nach unten bei mittlerer Hitze 8–10 Minuten direkt grillen.

■ **Pfirsiche:** Die Haut auf Wunsch abschälen, halbieren, den Kern entfernen und mit der Schnittfläche nach unten bei mittlerer Hitze 8–10 Minuten direkt grillen.

Bild rechts: Bunte Fruchtspieße sind ein krönender Abschluss jedes Barbecues.

In einer luftdicht verschlossenen Dose halten sich die Meringen sehr lange frisch

Durch die Honig-Glasur werden die Pflaumen beim Grillen zarter.

Gefüllte Meringen
mit Honigpflaumen

Gas	indirekt/mittlere Hitze	✳ ✳
Grillkohle	indirekt	
Zubereitungszeit	45 Min. + 1 Std. 20 Min. Backzeit	Für
plus Grillzeit	5–6 Minuten	8 Personen

6 Eiweiße
1 Prise Salz
400 g feiner Zucker
2 TL Maismehl
1 TL Weißweinessig
250 g Mascarpone
300 g Sahne
12 reife Pflaumen
1 EL flüssiger Honig

Außerdem
Backpapier
8 Bambusspieße

1. Den Ofen auf 180° vorheizen. 2 Backbleche mit Backpapier auslegen und beiseite stellen.

2. Die Eiweiße mit dem Salz zu einem festen Schnee verschlagen. Nach und nach 350 g Zucker unterschlagen, bis eine glatte, glänzende Meringenmasse entstanden ist. Dann das Maismehl und den Essig unterrühren. Einen großen Löffel der Masse kreisförmig auf ein Backblech verteilen. Mit dem Löffelrücken eine Mulde in die Mitte drücken. Mit der restlichen Masse ebenso verfahren, sodass pro Blech 4 Kreise entstehen. Darauf achten, dass die Kreise ausreichend Abstand haben, da sie sich beim Backen noch vergrößern. Die Bleche nacheinander in den Ofen schieben, nach 5 Minuten die Hitze auf 150° reduzieren und 1 Stunde 15 Minuten backen. Meringen auf dem Backblechen abkühlen lassen.

3. Die Bambusspieße mindestens 30 Minuten in kaltem Wasser einweichen. Währenddessen die Mascarpone glatt rühren. In einer anderen Schüssel die Hälfte der Sahne mit dem restlichen Zucker steif schlagen. Zusammen mit der ungeschlagenen Sahne unter die Mascarponecreme rühren und bis zur weiteren Verwendung im Kühlschrank aufbewahren.

4. Die Pflaumen halbieren und entkernen. Auf jeden Spieß 3 Pflaumenhälften stecken. Die Pflaumen mit dem Honig bestreichen und bei mittlerer Hitze in 5–6 Minuten weich grillen.

5. Die Meringenböden von dem Backblech nehmen, die Mascarponecreme in die Mulden füllen und jede Meringe mit einem warmen Pflaumenspieß servieren.

Ananas
mit Orangen-Karamell

Gas	direkt / mittlere Hitze	✳ ✳
Grillkohle	direkt	
Zubereitungszeit	15 Min.	Für
plus Grillzeit	6 – 7 Min.	4 Personen

Für den Orangen-Karamell
125 g Zucker
abgeriebene Schale und Saft von 1 unbehandelten Orange
50 g Sahne
4 Kugeln Vanilleeis

1 TL grüne Pfefferkörner in Salzlake
4 dicke Scheiben frische Ananas ohne Strunk
2 TL Puderzucker

1. Für den Orangen-Karamell den Zucker, Orangenschale und 2 EL kaltes Wasser in einen Topf geben und langsam erhitzen, bis sich der Zucker aufgelöst hat. Zum Kochen bringen und 4 – 5 Minuten köcheln lassen, bis sich ein goldgelber Karamell gebildet hat. Von der Kochstelle nehmen, den Orangensaft und die Sahne unterrühren, wieder auf die Herdplatte stellen und zu einer glatten Masse verrühren. Warmhalten.

2. Die Pfefferkörner abtropfen lassen und grob hacken. Die Ananasscheiben von beiden Seiten damit einreiben. Je eine Seite mit Puderzucker bestreuen.

3. Die Scheiben mit der gezuckerten Seite nach unten auf den Grillrost legen und bei mittlerer Hitze 6 – 7 Minuten grillen, bis sie leicht gebräunt sind.

4. Die Ananasscheiben auf vier Teller verteilen, je 1 Kugel Vanilleeis darauf geben und mit dem warmen Orangen-Karamell begießen.

Gegrillte Feigen
auf spanische Art

Gas	direkt/niedrige Hitze	☀ ☀
Grillkohle	direkt	
Zubereitungszeit	20 Min.	Für
plus Grillzeit	5 Min.	6 Personen

1 Vanilleschote
100 g Ziegenfrischkäse
300 g Sahne
2 EL Zucker
12 frische Feigen
50 g Schokolade

1. Mit einem kleinen scharfen Messer die Vanilleschote längs
aufschneiden und das Mark herausschaben. Zusammen mit dem
Ziegenfrischkäse in einer Schüssel gut verrühren. Die Sahne mit
dem Zucker steif schlagen und unter die Käse-Vanille-Mischung
rühren. Bis zur weiteren Verwendung in den Kühlschrank stellen.

2. Mit einem scharfen Messer die Feigen tief und kreuzförmig einschneiden und wie eine Blüte auseinander biegen.

3. Die Schokolade in 12 kleine Stücke schneiden. Je 1 Schoko-
ladenstück in die Mitte jeder Feige drücken und die Früchte bei
niedriger Hitze 5 Minuten grillen, bis die Schokolade geschmolzen und die Feigen heiß sind.
Je 2 Feigen noch heiß mit etwas Vanille-Käsecreme auf Dessert-
tellern servieren.

Das feine Orangenaroma durchdringt während des Grillens das Bananen-Fruchtfleisch.

Das Karamell-Kokos-Pulver verhindert, dass die Bananen während des Grillens verbrennen.

Karamellisierte Bananen
mit Kokosnuss und Orange

Gas	direkt / starke Hitze	☀
Grillkohle	direkt	
Zubereitungszeit	40 Min.	Für
plus Grillzeit	5 Min.	6 Personen

Öl zum Bestreichen
7 EL Zucker
2 EL Kokosnussraspeln
abgeriebene Schale von 1 unbehandelten Orange
300 g Sahne
1–2 EL Rum
6 große Bananen

1. Ein Backblech mit etwas Öl bestreichen und beiseite stellen. In einem Topf 6 EL Zucker in 2 EL Wasser langsam auflösen. Zum Kochen bringen und in 6–8 Minuten zu einem goldgelben Karamell kochen. Von der Kochstelle nehmen, die Kokosnussraspeln und Orangenschale unterrühren.

2. Den flüssigen Karamell auf das eingeölte Backblech gießen und in 10 Minuten erstarren lassen. In Stücke brechen und im Mixer fein zerkleinern.

3. Die Sahne mit dem restlichen Zucker steif schlagen, den Rum vorsichtig unterrühren. Bis zur weiteren Verwendung im Kühlschrank aufbewahren.

4. Die Bananen ungeschält längs halbieren und die Schnittflächen mit dem Karamell-Kokos-Pulver bestreuen. Bei mittlerer Hitze 5 Minuten grillen, bis das Pulver geschmolzen und golden ist. Die karamellisierten Bananenhälften noch warm mit der Rumsahne servieren.

Unser Küchen-Tipp

Sie können das Karamell-Kokos-Pulver auch im Voraus zubereiten. Sie sollten es jedoch in einem luftdicht verschlossenen Gefäß aufbewahren und noch am selben Tag verbrauchen.

Amarettini-Pfirsich-Päckchen

Gas	indirekt/starke Hitze	☀
Grillkohle	indirekt	
Zubereitungszeit	20 Min.	Für
plus Grillzeit	15 Min.	6 Personen

100 g Amarettini-Kekse
75 g gehobelte Mandeln
50 g Zucker
75 g Butter in Würfeln
abgeriebene Schale und Saft von 1 unbehandelten Zitrone
1 großes Eigelb
6 reife Pfirsiche
Vanilleeis zum Servieren

Außerdem
Alufolie

1. Die Amarettini grob hacken und in eine große Schüssel geben. Mit den Mandeln, Zucker, Butter und Zitronenschale zu Streuseln verarbeiten. Das Eigelb verquirlen und untermischen, sodass der Teig gerade zusammenhält.

2. Die Pfirsiche halbieren, den Stein entfernen und die Schnittflächen in den Zitronensaft tauchen. Die Amarettini-Mischung auf den Pfirsichhälften verteilen und leicht andrücken.

3. Die Alufolie in 6 ca. 20 cm lange Stücke schneiden. Auf jedes Folienstück 2 Pfirsichhälften legen, die Folienenden hochschlagen und leicht zusammendrücken, um ein lockeres Päckchen zu formen. Bei starker Hitze 15 Minuten grillen, bis die Pfirsiche weich sind und die Füllung brutzelt. Heiß mit etwas Vanilleeis servieren.

Kirschen
mit Mandel-Streuseln

Gas	indirekt/mittlere Hitze	☀ ☀
Grillkohle	indirekt	
Zubereitungszeit	20 Min.	Für
plus Grillzeit	20 Min.	6 Personen

Für die Kirschen
600 g frische Kirschen
oder 2 Gläser Kirschen à 400 g
2 EL Kirschwasser
abgeriebene Schale von 1 unbehandelten Orange
Crème fraîche zum Servieren

Für die Streusel
250 g Mehl
175 g Butter in Würfeln
75 g Mandelplättchen
150 g Zucker
1 Prise Salz

1. Frische Kirschen zunächst waschen und entsteinen, in eine große Schüssel füllen und mit dem Kirschwasser übergießen. Die Orangenschale zugeben. Bei Kirschen aus dem Glas diese abtropfen lassen, mit dem Kirschwasser und der Orangenschale vorsichtig mischen.

2. Für die Streusel alle Zutaten mit kalten Händen zügig zu Streuseln verarbeiten

3. Die Kirschen auf 6 feuerfeste Alu-Schale oder 6 Stücke Alufolie verteilen. Mit den Streuseln bestreuen, auf den Grillrost legen und bei mittlerer Hitze 20 Minuten grillen, bis die Streusel goldgelb sind. Etwas abkühlen lassen und mit einem Klecks Crème fraîche servieren.

Frische Pfirsiche sind für
dieses Dessert sehr gut
geeignet. Sie können auch
gut abgetropfte konser-
vierte Pfirsiche verwenden,
allerdings werden diese
sehr weich.

Bild links: Amarettini-Pfirsich-Päckchen.
Bild rechts: Kirschen mit Mandel-Streuseln

Birnen-Ingwer-Dessert

Gas	indirekt/mittlere Hitze	✴ ✴
Grillkohle	indirekt	
Zubereitungszeit	20 Min.	Für
plus Grillzeit	18–20 Min.	4 Personen

Butter zum Einfetten
Mehl zum Bestäuben
1 reife Birne
75 g Butter
130 g Zucker
50 g Mehl
1 Msp. Backpulver
1/2 TL Ingwerpulver
1/2 TL Zimtpulver
1 Prise Muskatnuss
50 ml Ahornsirup
1 großes Ei
Vanilleeis zum Servieren

1. 4 kleine Auflaufförmchen mit Butter einfetten, mit Mehl be-stäuben und beiseite stellen. Die Birne schälen und vierteln. Das Kerngehäuse herausschneiden, das Fruchtfleisch in kleine Würfel schneiden und auf die 4 Förmchen verteilen.

2. In einem kleinen Topf 50 g der Butter mit dem Zucker unter Rühren langsam erhitzen, bis der Zucker geschmolzen ist. Die Butter über die Birnenstückchen gießen.

3. Die restliche Butter schmelzen lassen, von der Kochstelle nehmen und den Sirup unterrühren. Vollständig abkühlen lassen, das Ei verquirlen, unterschlagen und die Buttermasse mit der Mehl-Mischung verkneten.

4. Das Mehl, Backpulver, Ingwer, Zimt und Muskatnuss auf der Arbeitsfläche vermischen. Die Förmchen mit dem Teig füllen und bei mittlerer Hitze in 18–20 Minuten goldgelb backen. Warm mit Vanilleeis servieren.

Unser Küchen-Tipp

Dieses Dessert kann auch vorbereitet und mit Frischhaltefolie abgedeckt aufbewahrt werden. Stellen Sie die Förmchen dann einfach auf den Grill, während Sie Ihre Hauptspeise genießen.

Eisbecher
mit gegrillten Erdbeeren

Gas	indirekt/mittlere Hitze	✴
Grillkohle	indirekt	
Zubereitungszeit	20 Min.	Für
plus Grillzeit	6 Min.	4 Personen

900 g Erdbeeren
4 EL Puderzucker
3 TL Aceto Balsamico
150 g Sahne
3 EL gehackte Haselnüsse
Bourbon-Vanilleeis zum Servieren
Minze zum Dekorieren

Außerdem
2–3 Metallspieße

1. Erdbeeren waschen und putzen. Die Hälfte der Erdbeeren in einem Mixer mit 2 EL Puderzucker und dem Aceto Balsamico zu einer glatten Sauce pürieren. Bis zur weiteren Verwendung im Kühlschrank aufbewahren.

2. Die Sahne mit 1 EL Puderzucker steif schlagen und kalt stellen. Die gehackten Nüsse unter dem vorgeheizten Grill goldbraun rösten und wieder abkühlen lassen.

3. Die restlichen Erdbeeren auf 2 oder 3 Metallspieße stecken (so lassen sie sich leichter wenden) und mit dem restlichen Puderzucker bestäuben. Bei mittlerer Hitze indirekt 6 Minuten garen, dabei einmal wenden.

4. Mit etwas Erdbeersauce den Boden der Eisbecher bedecken und 2 Kugeln Vanilleeis darauf setzen. Die geschlagene Sahne darüber geben, mit etwas Sauce beträufeln und mit den gerösteten Nüssen, den gegrillten Erdbeeren und den Minzblättchen servieren.

Bild rechts: Eisbecher mit gegrillten Erdbeeren.

Glossar

A

Amarettini-Pfirsich-Päckchen 152
Ananas mit Orangenkaramell 148
Aprikosen: Schinken mit Orangen-Aprikosen-
  Glasur 100
Asiatische Sauce 140
Asiatische Steaks 100
Auberginen-Ziegenkäse-Röllchen mit Raita-
  Sauce 36
Australische Garnelen-Muschel-Spieße 52

B

Bananen: Karamellisierte Bananen mit
  Kokosnuss und Orange 151
Barbecuesauce 141
BBQ-Sauce 141
BBQ-Sauce: Kansas-City-Spareribs mit
  scharfer BBQ-Sauce 114
Birnen
  Birnen-Ingwer-Dessert 154
  Knusprige Ente mit süßem Birnen-
  Kumquat-Chutney 81
Blauschimmelkäse
  Buffalo-Ribs mit Blauschimmelkäse-
  Dressing 108
  Geflügel-Hamburger mit Blauschimmel-
  Mayonnaise 76
Bohnen: Gemischter Bohnensalat mit
  Feta 134
Bratwurst im Brötchen mit geschmortem
  Rotkohl 92
Bruschetta 35
Buffalo-Ribs mit Blauschimmelkäse-
  Dressing 108
Butter mit dreierlei Pfeffer 28
Butter mit geröstetem Chili 28
Butter mit Kräutern der Provence 28

C

Cajun-Mischung 26
Champignon-Kartoffel-Halloumi-Spieße mit
  Erdnusssauce 121
Chinesische Marinade 25
Chinesische Saucen: Gegrillte Hähnchenbrust
  mit drei chinesischen Saucen 74

Couscous
  Gegrillte Paprika mit Ziegenkäse und
  Couscous 124
  Würziger Couscous-Salat mit
  Pinienkernen und Rosinen 138

D

Dijon-Marinade 25

E

Eisbecher mit gegrillten Erdbeeren 154
Ente
  Indonesische Entenbrust 81
  Knusprige Ente mit süßem Birnen-
  Kumquat-Chutney 81
  Orangen-Entenbrust mit Rotweinsauce 80
Erdbeeren: Eisbecher mit gegrillten
  Erdbeeren 154

F

Feigen: Gegrillte Feigen auf spanische Art
  149

G

Ganzer Fisch mit roter Gewürzbutter 52
Garnelen
  Australische Garnelen-Muschel-Spieße 52
  Garnelen im Schinkenmantel 34
  Garnelen in Salzkruste mit Zitronen-
  Oregano-Sauce 55
Geflügel-Hamburger mit Blauschimmel-
  Mayonnaise 76
Gefüllte Hähnchenkeulen mit Paprika 77
Gefüllte Meringen mit Honigpflaumen 147
Gefüllte Tomaten mit Salsa verde 127
Gegrillte Feigen auf spanische Art 149
Gegrillte Hähnchenbrust mit drei
  chinesischen Saucen 74
Gegrillte Paprika mit Ziegenkäse und
  Couscous 124
Gegrillte Sardinen mit Chili-Zitronen-
  Dressing 55
Gemischter Blattsalat mit Sommer–
  kräutern 139
Gemischter Bohnensalat mit Feta 134
Gemüsesandwich 124
Glasierte Stubenküken 79
Grüne Chilisauce 140

Guacamole: Hähnchen-Fajita-Spieße mit
  Guacamole 73

H

Hähnchen
  Gefüllte Hähnchenkeulen mit Paprika 77
  Gegrillte Hähnchenbrust mit drei
  chinesischen Saucen 74
  Hähnchen-Fajita-Spieße mit
  Guacamole 73
  Hähnchenflügel mit Ingwer und Zitrone 35
Hamburger
  Geflügel-Hamburger mit Blauschimmel-
  Mayonnaise 76
  Klassische Hamburger 106
Honig-Würstchen mit Zwiebelspießen 94

I/J

Indonesische Entenbrust 81
Ingwer-Joghurtmarinade 24
Joghurtmarinade 24

K

Kalbskoteletts: Rosmarin-Knoblauch-
  Koteletts vom Kalb mit Pilz-Relish 93
Kansas-City-Spareribs mit scharfer BBQ-
  Sauce 114
Karamellisierte Bananen mit Kokosnuss und
  Orange 151
Kartoffeln
  Champignon-Kartoffel-Halloumi-Spieße
  mit Erdnusssauce 121
  Kartoffel-Dill-Kapern-Salat 134
  Kartoffelsticks mit würzigem Ketchup 106
Ketchup: Kartoffelsticks mit würzigem
  Ketchup 106
Kichererbsenfrikadellen mit Estragon-
  Mayonnaise 123
Kirschen mit Mandelstreuseln 152
Klassische chinesische Marinade 25
Klassische Hamburger 106
Klassische Pizza Margherita 128
Knusprige Ente mit süßem Birnen-Kumquat-
  Chutney 81
Kokosnuss: Karamellisierte Bananen mit
  Kokosnuss und Orange 151
Kumquat: Knusprige Ente mit süßem Birnen-
  Kumquat-Chutney 81

L
Lachs mit Basilikum-Minze-Creme 56
Lachs mit Nudeln auf thailändische Art 50
Lammkarrée auf provenzalische Art 90
Lammkoteletts mit Ingwer und Portwein 95
Lammspieße 95

M
Mais
    Fischfrikadellen mit Chili und Zuckermais 60
    Mais mit scharfer Sauce 110
    Maiskolben 110
    Maiskolben mit Chili und Koriander 110
Makrele mit scharfem Dill-Kapern-Tomatendressing 59
Mandeln: Kirschen mit Mandelstreuseln 152
Marinade mit Dill, Meerrettich und schwarzen Pfefferkörnern 25
Marokkanische Mischung 27
Mediterraner Salat mit Croûtons 137
Meerrettich-Rote-Bete-Relish 140
Meringen: Gefüllte Meringen mit Honigpflaumen 147
Mexikanisches Barbecue 114
Minze-Zucchini mit Humus 38
Mozzarella: Tomaten mit Basilikum und Mozzarella 138
Muscheln
    Australische Garnelen-Muschel-Spieße 52
    Muscheln mit Pernod-Fenchel-Butter 60

O
Orangen
    Ananas mit Orangenkaramell 148
    Karamellisierte Bananen mit Kokosnuss und Orange 151
    Koriander-Orangen-Butter 28
    Orangen-Entenbrust mit Rotweinsauce 80
    Schinken mit Orangen-Aprikosen-Glasur 100
    Truthahn mit Thymian-Orangen-Aroma 73

P
Paprika
    Gefüllte Hähnchenkeulen mit Paprika 77
    Gegrillte Paprika mit Ziegenkäse und Couscous 124

Pfirsiche: Amarettini-Pfirsich-Päckchen 152
Pflaumen: Gefüllte Meringen mit Honigpflaumen 147
Pizza Margherita 128
Poularde mit Zitronen-Minze-Aroma 69
Putenschnitzel mit karamellisierten Zwiebeln 70

R
Raita-Sauce: Auberginen-Ziegenkäse-Röllchen mit Raita-Sauce 36
Riesengarnelen mit scharf-süßer Sauce 34
Rosmarin-Knoblauch-Koteletts vom Kalb mit Pilz-Relish 93
Rosmarin-Knoblauchmarinade 24
Rotkohl: Bratwurst im Brötchen mit geschmortem Rotkohl 92
Rucola: Spargel mit Rucola und Parmesan 123
Rumpsteaks: Mexikanisches Barbecue 114

S
Salsa verde: Gefüllte Tomaten mit Salsa verde 127
Santa-Maria-Sandwich 109
Sardellen-Bruschetta 35
Sardinen: Gegrillte Sardinen mit Chili-Zitronen-Dressing 55
Saté-Sauce 32
Saté-Spießchen 32
Scharfes Tomatenrelish 140
Scharf-süße Fruchtsauce 141
Scharf-süße Sauce: Riesengarnelen mit scharf-süßer Sauce 34
Schinken: Garnelen im Schinkenmantel 34
Schinken mit Orangen-Aprikosen-Glasur 100
Schweinefleisch: Buffalo-Ribs mit Blauschimmel-Dressing 108
Kansas-City-Spareribs mit scharfer BBQ-Sauce 114
Schweinefleisch Char-Sui mit Pflaumensauce 97
Schweinefleisch mit scharfer Pfeffer-Essig-Sauce 113
Spargel mit Rucola und Parmesan 123
Steaks in Pfefferkruste mit Weinbrand-Sauce 98

Steaks mit Tomaten-Relish 94
Stubenküken: Glasierte Stubenküken 79
Süß-scharfe Gewürzmischung 26

T
Tandoori-Hähnchen 69
Teriyaki Fischsteaks mit grün-scharzem Reis 57
Texanische Mischung 27
Thymian: Truthahn mit Thymian-Orangen-Aroma 73
Tomaten
    Gefüllte Tomaten mit Salsa verde 127
    Makrele mit scharfem Dill-Kapern-Tomatendressing 59
    Scharfes Tomatenrelish 140
    Steaks mit Tomaten-Relish 94
    Tomaten mit Basilikum und Mozzarella 138
Truthahn mit Thymian-Orangen-Aroma 73

W
Waldorfsalat 139
Weinbrand-Sauce: Steaks in Pfefferkruste mit Weinbrand-Sauce 98
Würstchen: Bratwurst im Brötchen 92
Honig-Würstchen mit Zwiebelspießen 94
Würzige Saté-Spießchen 32
Würziger Couscous-Salat mit Pinienkernen und Rosinen 138

Z
Ziegenkäse: Auberginen-Ziegenkäse-Röllchen mit Raita-Sauce 36
Gegrillte Paprika mit Ziegenkäse und Couscous 124
Zitronen-, Knoblauch- und Oreganomarinade 24
Zitronen-Fenchel-Butter 28
Zitronen-Kräuter-Mischung 27
Zucchini: Minze-Zucchini mit Hummus 38
Zwiebeln
    Honig-Würstchen mit Zwiebel-spießen 94
    Putenschnitzel mit karamellisierten Zwiebeln 70

Danksagung

Wir bedanken uns bei Debby Nakos, Susan Radcliff, Gareth Jenkins, Jeff Stephen, Edna Schlosser, Sonia Cauvin und Susan Maruyama für die Mitarbeit an diesem Buch.